Janine COURTILLON

Geneviève-Dominique de SALINS

avec la participation de

Christine GUYOT-CLÉMENT

LIBRE Echange

2

CAHIER DE L'ÉLÈVE

HATIER / Didier

Couverture : Anne-Marie Bodson
Conception de maquette : Katy Lhaïk
Composition et mise en pages PAO : Gérard Lagravière
Illustrations : Gilles Bonnotaux (pages 8, 11, 24, 29, 32, 48, 54, 56, 68, 97, 102, 122, 128, 130)
et Anne-Marie Vierge (pages 22, 35, 50, 71, 89, 109, 125, 137, 143).

© Les Éditions Didier, Paris, 1992   Imprimé en France
ISBN 2-278 - 04023 - 5

AVANT-PROPOS

Ce cahier d'exercices comporte, comme le Livre de l'élève, neuf unités d'apprentissage.

Chaque unité du cahier d'exercices s'articule autour de trois thèmes :

1. Pour communiquer.
2. Entraînement.
3. Aspects de la langue.

Ces trois thèmes correspondent aux objectifs d'apprentissage définis dans le Livre de l'élève.

1. Pour communiquer

Cette rubrique offre des activités qui permettent de développer la **compétence de communication**.

Dans cette rubrique, on trouvera d'abord des exercices intitulés *Amorces*. Ils attirent l'attention des apprenants sur les **composantes** des différentes situations de communication dont les énoncés sont enregistrés, au début de chaque unité de la bande *Situations*. Ces activités font appel aux compétences sociales des apprenants mais aussi à leur créativité. Les apprenants sont relativement libres d'imaginer des réponses, pourvu que celles-ci correspondent aux indications données par le fond sonore qui accompagne chaque énoncé.

D'autres exercices font écho aux situations A et B et aux *Manières de dire* de chaque unité d'apprentissage du Livre de l'élève. Ils donnent un éventail de différentes activités sociales, telles qu'elles sont pratiquées en France.

Enfin, quelques exercices font écho aux pages de *Comportement* du Livre de l'élève. Ils visent, par des tests et des jeux, à une pratique sociale du langage.

2. Entraînement

Cette rubrique, relativement dense, annonce des exercices qui peuvent renforcer les **compétences linguistiques** des apprenants :

• des exercices de réemploi des éléments grammaticaux qu'ils ont déjà découverts et compris dans le Livre de l'élève.

• des exercices intitulés *Collocations* et *Variations sur un thème syntaxique* : ils sont destinés à exercer la mémoire des combinaisons possibles entre les mots de la langue française. Par exemple : on peut dire « exercer une influence », « exercer ses droits », « remplir une fonction », « remplir un questionnaire » mais non pas « remplir un rôle » ; on doit dire « jouer un rôle ». Ces associations les plus courantes entre les mots sont appelées *Collocations*. Il est important de les repérer et de les retenir pour être capable d'écrire correctement la langue à un certain niveau. Il en est de même en ce qui concerne les différentes possibilités syntaxiques existant pour exprimer la même idée.

Par exemple :

« D'accord pour développer l'enseignement de l'espagnol comme seconde langue, mais en faire une langue officielle, certainement pas. »

peut s'exprimer de la façon suivante :

« Je n'accepte pas qu'on fasse de l'espagnol une langue officielle, mais je suis d'accord pour en développer l'enseignement comme seconde langue. »

• des exercices intitulés *Variations sur un thème sémantique*. Ces *Variations* sont, elles, destinées à acquérir du lexique et à fabriquer des phrases selon son imagination. Il ne s'agit pas de réfléchir longuement sur les mots présentés dans les listes, ni encore moins de les apprendre, mais de s'intéresser à certains mots et de voir quels autres mots (adjectifs, noms ou verbes) on a envie de leur associer. Ces associations ne sont pas liées à la connaissance de la langue, mais au désir de celui qui les imagine. Elles n'ont de limite que le sens.

Si dans les corrigés, nous ne proposons que les associations courantes en français banal, il va de soi que la richesse de ce type d'exercices dépend de l'imagination des élèves qui sont libres de proposer d'autres mots que ceux de la liste et de créer des petites compositions (textes ou poèmes) qui pourront être discutées collectivement et corrigées au niveau de la forme par le professeur. Le travail peut se faire par groupes de deux.

3. Aspects de la langue

Cette rubrique n'est pas une grammaire. Elle n'est ni exhaustive, ni ordonnée. Elle est destinée à expliquer aux étudiants d'une manière simple les éléments grammaticaux nécessaires à la compréhension des textes qu'ils lisent dans la rubrique *Culture* de *Libre Échange 2*. Il ne s'agit donc pas d'étudier la grammaire à partir de cette rubrique, mais simplement de repérer des règles. La grammaire d'une langue s'apprend ainsi progressivement – et plus facilement – au fur et à mesure des textes qu'on rencontre.

POUR COMMUNIQUER

EXERCICE 1 Amorces.

a. Écoutez l'enregistrement des amorces. Dites dans quelles circonstances ont pu être produits ces énoncés.

	Où ?	Qui parle ?	À qui ?	À propos de quoi ?
1.	....	....	....	....
2.	....	....	....	....
3.	....	....	....	....
4.	....	....	....	....
5.	....	....	....	....

b. Écoutez l'enregistrement des amorces. Proposez pour chacune d'elles une réponse possible en fonction de l'exercice précédent.

1. ....
2. ....
3. ....
4. ....
5. ....

8-9

E X E R C I C E 2 **L'expression des sentiments.**

1. Retrouvez dans la situation A l'expression utilisée pour :

accueillir quelqu'un : ....

annoncer une bonne nouvelle : ....

souhaiter la bienvenue à quelqu'un : ....

2. Dans les situations suivantes, vous devez dire votre plaisir ou votre tristesse. Utilisez «content», «heureux», «triste», «désolé», etc.

Vous partez en voyage : ....

Vous commencez un cours : ....

Vous rencontrez quelqu'un : ....

Vous retrouvez un ami : ....

Vous ne prenez pas de vacances cette année : ....

3. Dans les situations suivantes, vous devez formuler des souhaits. Utilisez « espérer que + indicatif ».

Un ami part en voyage : ....

Quelqu'un part s'installer définitivement en France :...........................

Quelqu'un vient d'acheter une voiture neuve :...........................

Deux de vos amis se marient : ....

Vous attendez des amis pour dîner. Le repas est prêt mais ils n'arrivent

pas : ....

• *faire bon voyage*
• *être heureux*
• *marcher bien*
• *venir vite*
  etc.

4. Dans quelles occasions peut-on formuler les souhaits suivants ?

Souhaits	Occasions possibles
a. souhaiter la bienvenue.	**1.** Vos amis partent en week-end à la mer.
b. souhaiter une bonne année.	**2.** Des amis se marient.
c. souhaiter un prompt rétablissement.	**3.** Quelqu'un monte sa propre affaire dans votre quartier.
d. souhaiter beaucoup de bonheur.	**4.** Un ami vient de se faire opérer de l'appendicite.
e. souhaiter une bonne soirée.	**5.** C'est le premier de l'an.
f. souhaiter un temps superbe.	**6.** Un étranger arrive chez vous pour la première fois.
g. souhaiter une réussite totale.	**7.** Votre ami va à l'Opéra.

Exemple : 6 a

5. Rédigez une petite carte à des amis qui viennent de se marier. Utilisez : «être heureux», «espérer que» et «souhaiter».

....

....

....

....

....

....

....

6. Rédigez une petite note aux amis qui vous ont accueilli chez eux au bord de la mer pendant quelques jours.
Utilisez les expressions suivantes pour vous aider :

- *être heureux*
- *être triste*
- *être content*
- *être désolé*
- *être satisfait*
- *être enchanté*
- *être désolé*

} *de + infinitif*

....

....

....

....

....

....

....

7. Pouvez-vous retrouver les expressions qui manquent ?

- Je .... la bienvenue.

- .... vous saurez apprécier le pays !

- .... vous annoncer un concert pour ce soir.

- .... vous aurez beau temps pendant votre séjour.

- .... voir que vous êtes venus très nombreux.

- .... vous inviter à un vin d'honneur à la mairie.

- .... vous quitter si tôt, mais j'ai une obligation urgente.

- .... vous serez heureux chez nous.

- .... un bon séjour !

11

EXERCICE **3** **Pour demander ou donner des explications.**

20

EXERCICE **4** **La musique et vous.**

1. Vous aimez le rock. Que pouvez-vous répondre si quelqu'un vous dit :

— « Le rock ? C'est l'instinct, l'improvisation ! Je déteste le rock ! »

....

....

....

....

2. Donnez dix mots qui, pour vous, évoquent le rock :

Exemples : bruit, coca-cola, folie, etc.

À vous !

....

....

....

....

....

28

EXERCICE 5 **Communication.**

Quand des gens se parlent, plusieurs cas sont possibles :

1 Ils se comprennent très bien, la communication est une réussite simple.

2 Ils se comprennent difficilement, la communication est une réussite complexe.

3 Ils ne veulent pas se comprendre, la communication est un échec.

4 Ils évitent l'échec en changeant de conversation, c'est une stratégie d'évitement.

Dites si dans les conversations suivantes, il y a réussite simple, réussite complexe, échec ou stratégie d'évitement ?

1	2	3	4

A. — Pardon monsieur, quelle heure est-il ?

— Je ne suis pas une horloge parlante !

B. — Chérie, quelle heure est-il ?

— Le dîner est prêt dans dix minutes !

— Non mais, tu as l'heure ? ma montre est arrêtée.

— Ah ! Il est huit heures moins dix !
Je croyais que tu voulais savoir quand on allait dîner.

C. — Tiens ! J'ai retrouvé comment s'appelait le directeur du théâtre.

— Comment ?

— Je dis que j'ai retrouvé le nom du directeur du théâtre.

— Oui, oui, j'ai bien compris. Alors comment s'appelle-t-il ?

— Pardon, je croyais que vous ne m'aviez pas compris !
Oui, alors il s'appelle Fortall.

— Ah oui, je me souviens maintenant ! C'est bien Fortall.

D. — Monsieur, voulez-vous prendre mademoiselle comme épouse ?

— Certes !

— Certes oui ou certes non ?

— Certes !

— Monsieur, c'est ou oui ou non !

— Alors certes oui ! oui !

E. — Qu'est-ce qu'il dit là ?

— Tais-toi ! J'écoute.

— Non mais je n'ai pas compris. Tu peux m'expliquer ?

— Tu n'as qu'à écouter ! Laisse-moi tranquille.

— Merci quand même…

F. — Tu as vu l'heure ? Pourquoi rentres-tu à 3 heures du matin ?

— Ah je suis épuisé ! Tu sais qui j'ai rencontré ? Jacques Pastis ! Tu te rends compte ? Le grand éditeur Jacques Pastis ! Et tu sais quoi ? Je lui ai parlé de ton bouquin ! Il a eu l'air très intéressé !

— Ah oui ? Qu'est-ce qu'il a dit ?

— Il va te téléphoner un de ces jours mais il m'a laissé son numéro de téléphone. Appelle-le demain !

— Tu crois qu'il va éditer mon roman ?

— Sûrement ! D'ailleurs, il est vraiment très bien, ton roman.

— Quelle chance ! Merci mon chéri ! Je t'adore.

G. — Tu as l'heure ?

— Ah non, mais j'ai le temps !

— Ah ! Ah ! Alors on reprend un verre.

— D'accord, mais tu ne vas pas te mettre en retard, j'espère ?

— Ne t'inquiète pas ! Allez, santé !

— Santé !

H. — Qu'est-ce que ça veut dire banlieue rouge ?

— C'est une banlieue communiste.

— Ah, je comprends ! Rouge, c'est le symbole communiste !

— Oui, c'est ça.

28

EXERCICE 6 **Discussion en groupe.**

En groupe, comparez vos réponses à l'exercice 5. Essayez de vous mettre d'accord sur vos réponses. Quand vous n'êtes pas d'accord, essayez de vous expliquer pour parvenir à une communication réussie !

28

E X E R C I C E   7   **Types de communication.**

1. Vous êtes l'interlocuteur A. Vous voulez que le communication soit une réussite.

A — ....

B — Qu'est-ce que ça veut dire exactement ?

A — ....

B — Je ne suis pas sûr d'avoir compris.

A — ....

B — Ah ! oui, d'accord, je comprends bien.

2. Vous êtes l'interlocuteur A. Vous ne faites rien pour que la communication soit satisfaisante : c'est un échec.

A — ....

B — Excuse-moi, je n'ai pas entendu, tu peux répéter ?

A — ....

B — Mais je ne comprends pas.

A — ....

B — Je préfère ne plus te parler, au revoir.

3. Vous êtes l'interlocuteur B. Vous utilisez une stratégie d'évitement pour que la communication soit satisfaisante.

A — La Saint-Vincent tournante était extraordinaire.

B — ....

A — La musique folklorique était superbe.

B — ....

ENTRAÎNEMENT

8-9

E X E R C I C E   1 **Le double visage de Janus.**

Quel est le contraire de :

1. quelqu'un ....

2. rien ....

3. quelque part ....

4. tous les chanteurs .... chanteur.

5. toujours ....

8-9

E X E R C I C E   2 **L'esprit de contradiction.**

Donnez le contraire.

1. — <u>Tout</u> est intéressant dans ce village bourguignon !

   — ....

2. — Ici, <u>tout le monde</u> connaît <u>tout le monde</u>.

   — ....

3. — On voit <u>partout</u> des indications touristiques.

   — ....

4. — Cette jeune fille <u>n'a aucune chance</u> de sortir de ce village.

   — ....

5. — <u>Tous</u> sont venus remercier le maire du village.

   — ....

6. — Les invités ont <u>tout</u> mangé pendant le banquet.

   — ....

8-9

E X E R C I C E   3 **À la sortie du concert.**

Retrouvez le pronom relatif qui convient : « qui »/« que »/« où ».

1. — C'est une ville .... se trouve à la périphérie de Paris.

   — C'est une banlieue défavorisée .... rien ne se passe.

2. — Dans cette chanson, il y a quelque chose .... je n'ai pas compris.

   — Moi non plus, je ne comprends pas ce .... il a dit.

3. — Tu connais la personne .... vient de parler ?

   — Oui, c'est un jeune homme .... j'ai déjà vu à Paris.

4. — Tu sais, l'hôtel .... j'ai choisi n'est pas très confortable !

   — Nous, nous sommes descendus dans un superbe hôtel .... nous avons pu réserver trois chambres.

5. — Dans mon hôtel, il y a quelque chose .... je ne comprends pas.

   — Je ne comprends pas ce .... tu veux dire.

   — Il y a une affiche .... m'étonne et .... tu devras m'expliquer.

8-9

EXERCICE 4 Chacun voit midi à sa porte.

Complétez le dialogue suivant avec : « pourquoi » , « parce que » , « c'est pour ça que » et « alors que » , selon les cas.

— .... tu n'es pas content ?

— Tu as pris des places trop près de la scène. .... je ne suis pas content.

— Moi, j'aime bien être très près de la scène. .... j'ai choisi ces deux places devant.

— Oui, mais toi, tu as de bons yeux, ... moi je ne vois rien de près, même avec mes lunettes.

— .... tu ne m'as rien dit quand j'ai pris ces places ?

— .... je ne savais pas qu'elles étaient si près de la scène !

8-9

EXERCICE 5 Rencontre à la fête de la Saint-Vincent.

Retrouvez le temps des verbes (passé ou futur).

1. — Bonjour ! vous .... pour la fête de la Saint-Vincent ?

   — Oui, je .... ce matin.

   • venir
   • arriver

2. — J'espère que vous .... ici.

   — Je suis sûr que je .... ! Cet après-midi, il y .... un vin d'honneur à la mairie et ce soir j' .... au concert à la salle des fêtes.

   • se plaire
   • être content
   • avoir
   • aller

3. — Vous .... une chambre d'hôtel ?

   — J' .... une chambre très confortable.

   — J'espère que vous .... bien !

   — Je ne .... pas beaucoup ! Avec mes amis, nous .... au bal du village, après le concert.

   • trouver
   • prendre
   • dormir
   • dormir
   • aller

4. — Vous .... des billets pour le bal ?

    — Non, on .... des invitations gratuites.

    — Vous avez de la chance ! Moi, j' .... une heure pour obtenir des billets et quand mon tour .... , il n'y................. plus de billets !

- *acheter*
- *recevoir*
- *attendre*
- *arriver*
- *avoir*

8-9

EXERCICE 6 **Des jeux de miroirs.**

1. Retrouvez le verbe qui correspond aux noms soulignés.

En français, on dit :

formuler <u>des souhaits</u> : ....

faire <u>une annonce</u> publique : ....

donner les heures d'<u>ouverture</u> : ....

et de <u>fermeture</u> d'une exposition : ....

manifester son enthousiasme par des <u>applaudissements</u> chaleureux : ....

apprécier <u>le goût</u> d'un aliment : ....

donner son <u>appréciation</u> : ....

2. Que font-ils ? Commentez les énoncés suivants en utilisant les expressions ou les verbes que vous avez trouvés au n° 1.

Tous nos vœux de bonheur :

....

Ce vin n'est pas très bon :

....

Vous méritez 20/20, votre devoir est excellent :

....

> Hier soir, la représentation était formidable. Le public était ravi.
> Des applaudissements chaleureux ont crépité à la fin du spectacle.

....

> 28 septembre : ouverture du salon de l'auto, Porte de Versailles ;
> 15 octobre : fermeture du salon.

....

23

E X E R C I C E   7 **Trouvez le mot juste.**

Lisez le texte suivant et essayez de remplacer les mots et expressions en italique par un nom plus spécifique.

1. Je connais *un homme* qui a donné une excellente interprétation des chansons de Renaud.

   ....

2. Dans ce village, il y a *des gens* qui parlent une langue régionale très proche de l'occitan.

   ....

3. Dans cette banlieue de Paris, la vie n'est pas très drôle. *Les habitants* n'ont rien à faire le samedi soir. Ils doivent monter à Paris pour se distraire.

   ....

4. A la fête de la Saint-Vincent, *les gens* ont apprécié le spectacle : ils ont beaucoup applaudi.

   ....

5. Renaud est *quelqu'un* de très apprécié. Pourtant, ses chansons ne sont pas toujours gaies.

   ....

6. En Bourgogne, *les gens qui aiment la bonne cuisine* peuvent apprécier la cuisine régionale qui est exceptionnelle. La gastronomie de cette province est connue du monde entier.

   ....

7. Dans cette région, *les gens* sont très bien accueillis. Le tourisme est d'ailleurs la principale industrie du pays.

   ....

- *chanteur*
- *spectateurs*
- *interprète*
- *villageois*
- *banlieusards*
- *touristes*
- *gastronomes*

21

E X E R C I C E   8 **Sondages : Les jeunes aiment-ils la musique ?**

Résultats				
	Oui	Non	7. Vous allez au concert :	Pourcentage
1. Aimez-vous la musique ?	100 %	0 %	quatre à six fois par an	40 %
2. Aimez-vous le rap ?	50 %	50 %	deux ou trois fois par an	30 %
3. Assistez-vous à tous les concerts de rock ?	75 %	25 %	une fois par an	20 %
4. Avez-vous un walkman ?	95 %	5 %	quelquefois	5 %
5. Écoutez-vous de la musique classique sur votre walkman ?	8 %	92 %	une fois de temps en temps	4 %
6. Détestez-vous la musique ?	0 %	100 %	rarement	1 %

Analysez ces sondages en remplaçant les pourcentages par une des expressions suivantes :

1. ....

2. ....

3. ....

4. ....

5. ....

6. ....

- *tous*
- *la plupart de + Nom*
- *la moitié d'entre eux*
- *presque tous*
- *très peu d'entre eux*
- *aucun d'entre eux*
- *la majorité de + Nom*
- *les deux tiers de + Nom*

EXERCICE 9 **Une province française : la Bourgogne.**

À l'oral et à l'écrit on utilise le passé composé pour raconter un fait passé. À l'écrit, de registre soutenu, le temps de l'histoire est le passé simple.

Donnez la forme des passés simples pour le texte suivant :

Au XIVe siècle, le Duché de Bourgogne comprenait plusieurs provinces dont la Belgique, la Hollande et le Luxembourg. Il **est devenu** très puissant avec le Duc Charles le Téméraire qui **a lutté** contre le roi de France, Louis XI.

Le Duc **a été tué** à Nancy en 1477 et le Duché **est entré** dans le Royaume de France.

« .... »

EXERCICE 10 **Le rock, un carrefour culturel.**

a. Trouvez dans la liste proposée le mot qui convient le mieux à chacune des définitions.

1. .... : manières d'agir, de se conduire, de se comporter en société.

2. .... : manières d'être ou de se présenter en public.

3. .... : actions de changer. Modifications, transformations.

4. .... : qualités reconnues, qualités idéales. Les normes d'une société.

5. .... : ce qui est commun à un groupe, dans ses manières d'agir, de penser, d'être. Qui caractérise une société.

- *la révolte*
- *les tensions*
- *la culture*
- *les valeurs*
- *les comportements*
- *les attitudes*
- *l'opposition*
- *les changements*

6. .... : refus d'obéir à une autorité. Opposition à une autorité établie.

7. .... : action qui consiste à montrer son désaccord.

8. .... : les résultats d'un désaccord entre des personnes. Difficultés rencontrées pour se comprendre, s'entendre.

b. Retrouvez les noms qui manquent (voir la liste donnée en a.).

Juste avant Mai 1968, la .... sociale était très forte. .... se faisait de plus en plus sentir et exprimait son désaccord. En Mai, ... éclatait : des barricades s'élevaient dans les rues de la capitale. 1968, fut une époque de grands .... sociaux. Les .... et les .... devinrent plus libres. On a presque cru que les .... françaises n'étaient plus les mêmes.

Cependant, vingt ans plus tard, on constate que les anciennes .... reprennent de la force. La .... française a évolué mais ne s'est pas complètement transformée.

c. Retrouvez les noms qui manquent (voir la liste donnée en a.).

1. Je n'aime pas .... de cette personne : elle n'a pas l'air sympathique.

2. Ce sont sûrement des touristes, regardez-les : leurs .... sont très différents de ceux des Français.

3. D'une génération à l'autre, des .... se font sentir. Par exemple, autrefois, on n'avait pas de congés payés et les gens consommaient moins qu'aujourd'hui.

4. Ces deux jeunes gens s'adorent mais pourtant, il y a toujours entre eux des .... terribles. On se demande comment ils arrivent à se comprendre.

5. La monogamie est une .... que tous les peuples ne partagent pas.

d. Trouvez les noms correspondant aux verbes suivants :

modifier : modification

exprimer : ....

se comporter : ....

revendiquer : ....

se révolter : ....

s'opposer : ....

changer : ....

créer : ....

24

EXERCICE 11 Créativité.

Inventez des titres de journaux ou d'émissions télévisées.
Utilisez les noms verbaux de l'exercice 10.

Exemples :« Modifications importantes au gouvernement. »
        « Expression libre : débat télévisé, mardi 20h45, Antenne 2. »

1. ....

2. ....

3. ....

4. ....

5. ....

24

EXERCICE 12 Sondages : les jeunes et la musique.

Voici un sondage qui marque l'évolution des jeunes en matière de musique entre 1980 et 1992 :

Les jeunes	en 1980	en 1992
1. aiment la musique	90 %	98 %
2. préfèrent le rock	70 %	60 %
3. préfèrent le rap	10 %	80 %
4. vont au concert	60 %	75 %
5. apprécient la musique classique	30 %	58 %
6. jouent d'un instrument	20 %	10 %
7. savent lire la musique	45 %	25 %
8. achètent des disques	90 %	95 %
9. écoutent des chansons	75 %	85 %
10. écoutent du jazz	40 %	70 %

Pour analyser ces sondages, utilisez « de plus en plus » ou « de moins en moins ».

1. ....

2. ....

3. ....

4. ....

5. ....

6. ....

7. ....

8. ....

9. ....

10. ....

24-25

EXERCICE 13 **Discussion entre copains.**

À la sortie d'un concert de Renaud, Pierre, Martin, Fanny et Georges apprécient différemment les nouvelles chansons de Renaud.

Pierre : Alors, vous avez aimé ?

Martin : Il ne change pas. Il est super… mais il y a <u>quelques</u> chansons que je n'ai pas trop aimées…

Fanny : Oui, moi aussi, je trouve que <u>certaines</u> sont moins bonnes que <u>d'autres</u>. Tu vois, je ne sais pas si c'est parce que <u>les autres</u>, on les connaît par cœur… mais elles me touchent plus.

Georges : Moi… je les aime <u>toutes</u>. <u>Toutes</u> ses chansons sont super ! et lui, il est toujours aussi cool ! il ne vieillit pas.

Mettez-vous en groupe de deux :

1. Remplacez « chanson » par « disque ». Que remarquez-vous ?

2. Choisissez un chanteur ou une chanteuse que vous connaissez bien. Discutez entre vous pour savoir quelles chansons ou quels disques vous préférez.

24-25

EXERCICE 14 **Savez-vous exprimer vos préférences ?**

Deux amis, Philippe et Chloé écoutent du jazz.

Philippe : Tu aimes ce vieux disque de Lionel Hampton ?

Chloé : Oui, je <u>l'</u>aime bien mais je préfère <u>l'autre</u>, le premier que tu m'as fait écouter…

Philippe : Celui de Louis Amstrong.

Chloé : Oui, il est plus nostalgique ! J'adore les airs des années 30 !

Philippe : Tu veux <u>en</u> écouter <u>d'autres</u> ? J'<u>en</u> ai beaucoup : mon père est un fan de cette période.

Chloé : Oui, je veux bien en écouter <u>un autre</u> et puis après on écoutera le nouvel album des Niagara : il est superbe !

Mettez-vous par deux, répondez aux questions.

1. Que remplace « en » et que remplace « l' » dans le texte ?

2. Quelle est leur place dans la phrase ?

3. Quelle est la différence d'emploi entre « d'autres » , « un autre » , « l'autre » ?

24-25

EXERCICE 15   Des goûts et des couleurs...

Exprimez votre choix, votre préférence, selon le modèle.

Exemple :   — Tu veux voir la cassette-vidéo des Stones ?
              — Je voudrais **en** voir **une autre** : celle de Prince si tu l'as.

1. — Tu veux boire du vin de Bourgogne ?

   — ....

2. — Vous voulez écouter un disque de musique classique ?

   — ....

3. — Tu veux voir le concert de Johnny Hallyday, j'ai la cassette-vidéo ?

   — ....

4. — Tu veux réécouter *Banlieue rouge*, la chanson de Renaud ?

   — ....

5. — Tu veux chanter avec moi une chanson de Brassens ?

   — ....

EXERCICE 16   Collocations (1).

Trouvez les mots qui vont ensemble. Choisissez un nom qui convient à chaque verbe (le nom peut être sujet ou objet). Faites une phrase complète.

Exemple :   J'ai beaucoup apprécié mon séjour en Bourgogne.

Faites autant d'associations qu'il est possible. Plusieurs noms peuvent être associés à un même verbe.

Exemple :   Je n'apprécie pas beaucoup ce comportement.

Verbes	*Noms*	
réclamer	un séjour	une augmentation
apprécier	un problème	un comportement
poser	une décision	un résultat
modifier	une opinion	une réforme
demeurer	une question	un rendez-vous
		un repas

---

(1) cf Avant-propos.

EXERCICE 17 **Variations sur un thème syntaxique.**

Trouvez les équivalents de la phrase de départ, en commençant chaque reformulation par les mots indiqués.

Exemples : Pour certains jeunes, le rap est un moyen de s'opposer à leurs parents.

• *Grâce au rap*, certains jeunes peuvent s'opposer à leurs parents.

Le rock permet aux gens de transcender leurs propres racines culturelles.

• À travers le rock ....

• C'est grâce à ....

• L'intérêt du rock, c'est ....

La religion est à l'origine des trois quarts des conflits de la planète.

• Les trois quarts des conflits ....

• C'est à cause de ....

• C'est pour des raisons ....

La proximité de l'an 2000 fait qu'il se passe quelque chose dans la tête des gens.

• C'est parce que ....

• Le fait que ....

• Étant donné que ....

EXERCICE 18 **Variations sur un thème sémantique.**

Le thème	*Adjectifs*	*Noms*	*Verbes*
• *le ciel*	bleu	*les étoiles*	rêver
• *le toit*	profond	*la forêt*	murmurer
• *l'arbre*	lointain	*la nuit*	scintiller
	glacé	*le vent*	danser
	calme	*la prairie*	bercer
	noir	*le soir*	

1. Associez les mots du thème à des adjectifs, à d'autres noms ou à des verbes. Faites deux types d'association, une association banale et une association personnelle, non banale.

Exemples : **Associations banales :**   **Associations non banales :**

le ciel bleu   le ciel glacé

le toit noir   le toit de la nuit

l'arbre danse (dans le vent)   l'arbre rêve (au vent)

....

....

....

2. **Faites autant de phrases que vous voulez en prenant un nom sujet, un verbe et un nom complément.**

Exemples : Les étoiles brillent au dessus du toit/dans la nuit.

L'arbre danse dans la forêt.

....

....

....

....

....

....

3. **Composez un petit texte poétique à partir de quelques images que les mots ont créées en vous.**

23

EXERCICE 19 **Rimes.**

1. **Faites rimer les mots suivants :**

calme	pluie
noir	belle
nuit	soleil
ciel	miel
abeille	palme
étincelle	soir

2. **Pouvez-vous trouver des rimes aux mots suivants ?**

été : ....   forêt : ....

bleu : ....   arbre : ....

toit : ....   profond : ....

3. **Choisissez, dans les listes, 4 ou 6 mots qui riment et faites un court poème libre, en ajoutant les mots qui sont nécessaires pour exprimer votre idée.**

Exemple : « L'étincelle

mortelle

de ton regard violet

luit

au fond des palais

de la nuit. »

....

....

....

....

....

....

26

Aspects de la langue.

● **Observez le plus-que-parfait :**

> • «*J'avais rêvé, lambiné et vaguement **pleuré**.*»

Le plus-que-parfait est formé de l'imparfait du verbe *avoir* (ou *être*) et du participe passé du verbe. Dans une énumération, il n'est pas nécessaire de répéter l'auxiliaire *avoir* ou *être*.
Le plus-que-parfait exprime une action ou un état qui se sont passés avant le moment du récit.

avant	le moment du récit
J'avais rêvé	C'était l'exercice de français.
J'avais lambiné	Il y avait un exercice sur Verlaine.
J'avais pleuré	Freddie était interrogé.
J'avais eu un mal fou à retenir mes larmes	J'étais content pour Freddie et Monie.

● **Observez le passé simple :**

C'est le temps utilisé parfois dans le récit écrit. Dans un récit oral on utilise le passé composé.
Les passés simples du texte « Né un jour de pluie » :

Verbes de la 1re série

Ce sont des verbes qui se terminent en –er.

elle	grimp**a**	du verbe	grimper
il	plaqu**a**	" "	plaquer
elle	tir**a**	" "	tirer
il	déclar**a**	" "	déclarer

Conjugaison (1)	
je	grimp**ai**
il/elle	grimp**a**
ils/elles	grimp**èrent**

(1) Ce temps n'est presque jamais employé aux autres personnes.

Autres verbes

elle	applaudit	du verbe	applaudir
elle	dit	" "	dire

Conjugaison (2)	
j'	applaudis
il/elle	applaudit
ils/elles	applaudirent

(2) Dire se conjugue comme applaudir.

● **Remarque sur le participe présent :**

Sachant est le participe présent du verbe *savoir*

> • «*Mademoiselle Humbert me regardait… ne **sachant** où poser (sa main).*»

C'est parce qu'elle ne savait pas où poser sa main que celle-ci restait en l'air. Elle avait commencé un geste qu'elle ne voulait pas terminer.
Ici le participe présent a une **valeur explicative**.

Le participe présent peut aussi avoir une valeur **descriptive** :
Je l'ai aperçue, **courant** sur la plage (elle courait sur la plage).

U N I T É 2

POUR COMMUNIQUER

 EXERCICE 1 Amorces (répondeur téléphonique).

a. Dans les amorces, le répondeur téléphonique a enregistré des excuses.

Relevez les 4 justifications différentes données par les locuteurs.

1. ....

2. ....

3. ....

4. ....

b. Laquelle de ces justifications vous semble la moins facile à accepter, c'est-à-dire la moins vraie (ou un prétexte) ?

....

....

c. Vous devez laisser un message d'excuse sur le répondeur téléphonique :
– de votre directeur ou employeur,
– de votre ami(e).

Préparez votre message et lisez-le devant vos camarades. Ils devront vous dire s'ils pensent que votre justification est vraie ou s'ils trouvent qu'il s'agit d'un bon prétexte.

32

EXERCICE 2 Communiqué d'information.

Rédigez pour le journal de 20 heures une information (utilisez le modèle de la situation A).

Télex : Paris le Chef de l'État ouverture du congrès pour la recherche en médecine université de la Sorbonne quartier Latin	Cet après-midi, en plein centre de Paris, le quartier Latin était décoré de drapeaux bleu, blanc, rouge. Les Parisiens attendaient la visite du chef de l'État pour l'ouverture du Congrès de la Recherche en médecine à la Sorbonne.

1.

Télex :
Londres
le quartier de la"city"
le chef du gouvernement
inauguration de la
Banque Royale.

Ce matin, ...

....

....

....

....

....

2. À vous d'inventer :

capitale ?
quartier ?
drapeau ?
visite officielle ?
raison ?
accueil chaleureux ?
résumé de l'allocution ?

À midi, ...

....

....

....

....

....

....

3. À vous d'inventer :

ville ?
quartier ?
symbole de la ville ?
visite du maire ?
raison ?
accueil de la population ?
résumé de l'allocution ?

Aujourd'hui, ...

....

....

....

....

....

....

33

EXERCICE 3 **Communication téléphonique.**

Pour appeler quelqu'un.
Remettez les actions suivantes dans l'ordre chronologique.

laisser un message	1	....
laisser ses coordonnées	2	....
composer un numéro	3	....
attendre le bip sonore	4	....
décrocher	5	....
raccrocher	6	....
rappeler	7	....

33

EXERCICE 4 **Messages enregistrés.**

Dites de quelle action il s'agit :

1. « J'arrive ce soir par le train de 21 heures 05. »

....

2. « Pouvez-vous rappeler M. Kazo au 45 59 66 22, merci. »

....

3. « Ça fait trois fois que je t'appelle ! Où es-tu ? »

....

4. « … rappelle-moi ! »

....

- *attendre le bip sonore*
- *laisser un message*
- *laisser ses coordonnées*
- *rappeler*

33

EXERCICE 5 **Test de personnalité.**

1 *toujours*
2 *la plupart du temps*
3 *quelquefois*
4 *rarement*
5 *jamais*

Testez la cohérence de vos comportements.

1. Quand vous prenez un rendez-vous chez le dentiste :
  Vous allez à ce rendez-vous. ☐
  Vous confirmez ce rendez-vous. ☐
  Vous annulez ce rendez-vous. ☐
  Vous manquez ce rendez-vous. ☐
  Vous oubliez ce rendez-vous. ☐

2. Quand vous donnez un rendez-vous à quelqu'un :

Vous désirez qu'il confirme ce rendez-vous. ☐

Vous souhaitez qu'il oublie ce rendez-vous. ☐

Vous acceptez facilement qu'il annule. ☐

Vous êtes fâché s'il manque ce rendez-vous. ☐

3. Quand vous donnez un rendez-vous à un/une ami(e) :

Vous désirez qu'il/elle confirme ce rendez-vous. ☐

Vous souhaitez qu'il/elle oublie ce rendez-vous. ☐

Vous acceptez facilement qu'il/elle annule. ☐

Vous êtes fâché s'il/elle manque ce rendez-vous. ☐

4. Si vous désirez refuser un rendez-vous que vous avez pris, quel prétexte prenez-vous d'habitude ?

Je ne suis pas libre. ☐

Je suis occupé. ☐

J'ai une réunion de travail inattendue. ☐

Je suis pris. ☐

Je ne peux pas me libérer. ☐

J'ai un empêchement de dernière minute. ☐

Je suis malade. ☐

5. Quand un ami annule à la dernière minute un rendez-vous avec vous, lesquels de ces prétextes vous gênent ou vous vexent le plus ?

Je ne suis pas libre. ☐

Je suis occupé. ☐

J'ai une réunion de travail inattendue. ☐

Je suis pris. ☐

Je ne peux pas me libérer. ☐

J'ai un empêchement de dernière minute. ☐

Je suis malade. ☐

48-49

EXERCICE 6 Cartons d'invitation.

Répondez par écrit à deux de ces invitations.

1.

> J'ai obtenu une promotion dans mon entreprise.
>
> Je serais contente que nous prenions un verre ensemble à cette occasion, le vendredi 10 mars à 13 heures.
>
> 31, rue Tournefort
> Marie-Noël Postman
>
> Pouvez-vous donner une réponse à ma secrétaire avant le 8 ? Merci.

2.

Nous organisons un week-end musical en l'église Sainte-Cécile. Aurez-vous le temps de venir nous écouter ? Nous chanterons le Requiem de Cherubini !

Votre présence sera un encouragement pour notre jeune chorale. Merci.

date du concert : 21 mars à 20 heures 40.

Vos amis Éric et Carmen.

R.S.V.P.

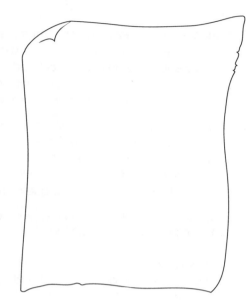

3.

À l'occasion de notre nouvelle installation 28, rue François 1er, nous pendons la crémaillère le 21 décembre à 20 heures.

Votre présence nous ferait très plaisir.

Michel et Cécile.

R.S.V.P.

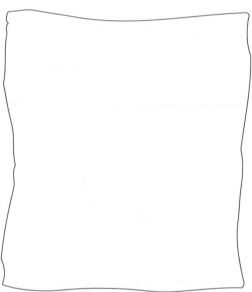

48-49

EXERCICE 7 **Votre carton d'invitation.**

Rédigez un carton d'invitation à l'occasion d'un événement qui vous concerne directement.

raison : ....

formule d'invitation : ....

date : ....

lieu : ....

commentaire : ....

Signature : ....

RSVP : ....

33

E X E R C I C E   8   **Répondeurs téléphoniques.**

Mais qu'est-ce qu'ils disent ?

Résumez oralement les informations suivantes que vous ont données différents répondeurs téléphoniques.

1. « Vous êtes bien chez Pierre. je suis absent pour le moment. Vous pouvez me laisser votre message après le bip sonore. Je vous rappellerai dès mon retour. »

2. « Galeries Lafayette, bonjour ! Nos bureaux sont fermés le dimanche. Veuillez rappeler lundi matin à partir de 10 heures, merci !. »

3. « Le cabinet du docteur Marot est fermé ce dimanche. Pour toute urgence, veuillez appeler le médecin de garde au 69 93 38 80. »

4. « Par suite d'encombrements, votre appel ne peut aboutir. Veuillez appeler ultérieurement. »

5. « Vous êtes bien en correspondance avec les services Télécom. Veuillez patienter quelques instants, une opératrice va vous répondre. »

6. « SNCF, bonjour ! Nos services de renseignement vont vous répondre. »

7. « France-Télécom, bonjour. Le Centre de renseignement téléphonique va vous répondre. Le service du 12 est à votre disposition et son prix d'accès 24 heures sur 24 est de 3 F.65 toutes taxes comprises. Merci de bien vouloir patienter quelques instants. »

56-57

E X E R C I C E   9   **À vous de décider.**

Dites si les conduites sont *satisfaisantes* ou *non satisfaisantes*. Trouvez la réaction satisfaisante ou acceptable quand la conduite n'est pas satisfaisante.

1. A – Ça me fait plaisir de vous revoir !
    B – Pas moi.

2. A – Que puis-je faire pour vous ?
    B – Ôte-toi de mon soleil !

3. A – Bonjour ! Comment ça va ?
    B – Et ta sœur ?

4. A – J'aime bien votre chapeau.
    B – On ne vous a pas demandé l'heure.

5. A – Ce pull est d'un très joli vert !
    B – Vous êtes daltonien ?

6. A – Tu prends un café ?
    B – Tu n'as pas autre chose ?

7. A – Tu es libre samedi soir ?
    B – Non, pourquoi ?
    A – J'avais peur que tu sois libre : j'invite mes amis.
    B – Alors ça tombe bien !

8. A – Tiens, c'est pour toi.
  B – Qu'est-ce que c'est ?
  A – Un déodorant.
  B – Garde-le ! Tu en as plus besoin que moi.

9. A – Tu viens dîner vendredi soir ?
  B – Qu'est-ce qu'il y aura à manger ?

10. A – Je trouve votre veste splendide !
  B – Elle n'est pas trop voyante ?
  A – Non, elle est d'un très joli jaune.
  B – J'avais peur que ça fasse un peu trop jeune pour moi.
  A – De toute façon, les vieux s'habillent comme les jeunes maintenant !
  B – Merci ! … Vous me faites très très plaisir…

56-57

EXERCICE 10 **Faites-les parler.**

Inventez les échanges entre A et B.

1. salutations

attendues	inattendues	acceptables
A –	A –	A – ....
B –	B –	B – ....

2. compliments

attendus	inattendus	acceptables
A –	A –	A – ....
B –	B –	B – ....
A –	A –	A – ....
B –	B –	B – ....
A –	A –	A – ....
B –	B –	B – ....

3. offres diverses

réaction attendue	réaction inattendue	refus justifié
A –	A –	A – ....
B –	B –	B – ....

4. invitations

réaction attendue	réaction inattendue	refus justifié
A –	A –	A – ....
B –	B –	B – ....

EXERCICE 11 **Soyez diplomate !**

Dans les situations suivantes, vous devez montrer que vous savez refuser très poliment.

1. Vous êtes invité
à un concert, mardi
prochain à 20 h 30.

....

....

....

2. On vous offre 1.000 francs
pour vous aider à payer
vos vacances de ski.

....

....

....

3. On vous demande votre
aide pour un déménagement
ce week-end.

....

....

....

4. On vous demande de garder
un chien ou un chat
pendant huit jours.

....

....

....

5. On vous demande de venir arroser
des plantes dans un appartement
situé près de chez vous.

....

....

....

6. Votre patron vous demande
des heures supplémentaires
pendant trois week-end.

....

....

....

7. Vous êtes invité chez vos
grands-parents pour le
déjeuner de dimanche.

....

....

....

8. On vous demande de prêter
votre moto ou votre voiture
pendant 24 heures.

....

....

....

ENTRAÎNEMENT

32-33

EXERCICE 1 Ce n'est pas la première fois...

écrire	→	réécrire
composer	→	recomposer
appeler	→	....
voir	→	....
prendre	→	....
dire	→	....
faire	→	....
écouter	→	....
acheter	→	....
commencer	→	....

53

EXERCICE 2 Savez-vous exprimer vos désirs ?

Dites à votre ami(e) ou à vos camarades ce que vous aime-riez qu'ils fassent...

Utilisez les expressions qui vous sont proposées. Variez les formes.

Exemple : Je **voudrais** tant **que tu te souviennes**.

1. Écrire plus souvent.

....

2. Venir au concert.

....

3. Être à l'heure au rendez-vous.

....

4. Sortir plus souvent ensemble.

....

5. Faire partie de l'équipe de basket.

....

6. Aller à la piscine après les cours.

....

7. Prendre quelques jours de vacances.

....

- *Je voudrais que...*
- *Je souhaite que...*
- *Cela me ferait plaisir que...*
- *J'aimerais bien que...*

54

EXERCICE **3** **Savez-vous exprimer un sentiment exclusif ?**

Transformez les phrases suivantes pour mettre en relief un sentiment exclusif en employant « il n'y a que... »

■ Il n'y a que... qui / que...

Exemple : **Il n'y a que** toi **que** je **puisse** aimer !

(L'abbé Prévost)

1. Pierre à Jacky :
   — Vous seule, pouvez me rendre heureux !

   ....

2. Jacky à Pierre :
   —Mon travail est important pour moi !

   ....

3. Pierre à Jacky :
   — Vous êtes sévère,Jacky. Vraiment, seul votre travail peut compter pour vous ?

   ....

4. Jacky à Pierre :
   — Mais oui Pierre, en ce moment, c'est seulement ça qui peut m'intéresser.

   ....

5. Pierre à Jacky :
   — Alors je vais attendre... Je ne peux faire que cela. Attendre !

   ....

52

EXERCICE **4** **C'est possible mais ce n'est pas certain !**

Qu'on **ait** raison
Qu'on **ait** tort
L'amour a ouvert le feu...

(Florent Pagny)

Ces expressions signifient :
Il se peut qu'on ait raison ou qu'on ait tort.
C'est bien possible qu'on ait raison.
Peut-être qu'on a raison ou qu'on a tort.

Vous êtes l'interlocuteur B et vous exprimez un doute. Employez les expressions proposées. Variez les formes.

1. A —Est-ce que tu sais si Georges Simenon est traduit en espagnol ?

   B — ....

• *Il se peut que...*
• *C'est bien possible que...*
• *Peut-être que...*

2. A — Est-ce que vous savez si, en Belgique, il y a un musée Hergé ?

   B — ....

3. A — Est-ce que tu sais si on peut voir des tableaux de Magritte au musée du Louvre ?

   B — ....

4. A — Sais-tu si Paul Delvaux a connu André Breton, le chef du mouvement surréaliste ?

   B — ....

5. A — Tu crois que *le Bon Usage* de Grévisse est à la bibliothèque?

   B — ....

EXERCICE 5 **Collocations.**

Trouvez les mots qui vont ensemble et faites des phrases.

Verbes	*Noms*	
exister	la nature	une frontière
s'effacer de	un plaisir	une souffrance
comporter	un lieu	une différence
constituer	la mémoire	un rapport
	le souvenir	un désagrément

51

EXERCICE 6 **Variations sur un thème syntaxique.**

Bruxelles, située en Flandre, est bilingue, mais ses habitants sont en majorité franco-phones.

   • Bien que les habitants de Bruxelles ....

   • La capitale de la Belgique ....

Simenon est très apprécié pour le climat psychologique qu'il donne à ses ouvrages.

   • Les ouvrages de Simenon ont ....

   • Les lecteurs de Simenon ....

On m'a dit que j'étais surréaliste ; je ne dis pas non, mais je ne suis pas sûr de l'être vrai-ment.

   • Il est possible que ....

   • Il paraît que ....

La séparation d'avec une femme comporte un agrément que je sais goûter mieux que per-sonne.

   • Personne ....

   • Je goûte (J'apprécie) ....

E X E R C I C E 7 **Variations sur un thème sémantique.**

Le thème	Adjectifs	Noms	Verbes
• la rue	mouillé	les plumes	courir
• la ville	gris	l'espoir	appeler
• les pavés	éclairé	le soir	luire
	aimé	le nom	disparaître
	désert	l'amour	effacer
	sombre	la guerre	oublier
	mort		

1. Associez les mots du thème à des adjectifs, des noms ou des verbes.
2. Faites des phrases.
3. Composez un texte.

E X E R C I C E 8 **Rimes.**

1. Faites rimer les mots suivants.

disparu   crié
guerre   violet
éclairé   aimé
volet   terre
effacé   déçu

2. Trouvez des rimes pour les mots suivants.

amour : ....

pluie : ....

pavés : ....

désert : ....

sombre : ....

disparaître : ....

3. Choisissez des mots qui riment et faites un court poème.

....

....

....

....

....

....

Aspects de la langue.

● **Observez le subjonctif :**

Quoi que je **fasse**   *fasse* est le subjonctif du verbe *faire*
Où que je **sois**   *sois* est le subjonctif du verbe *être*
Rien ne t'efface
Je pense à toi
Quoi que j'**apprenne**   *apprenne* est le subjonctif du verbe *apprendre*
Je ne sais pas
Pourquoi je saigne
Et pas toi
J.J. Goldman, *Pas toi,*
© JRE/NEF, Marc Lumbroso.

Qu'on ait raison   *ait* est le subjonctif du verbe *avoir*
Ou **qu'on ait** tort
L'amour a ouvert le feu
F. Pagny, *Ça fait des nuits,*
© GLEM.

Faire	
que je	fasse
tu	fasses
il/elle	fasse
nous	fassions
vous	fassiez
ils/elles	fassent

Apprendre	
que j'	apprenne
tu	apprennes
il/elle	apprenne
nous	apprenions
vous	appreniez
ils/elles	apprennent

Être	
que je	sois
tu	sois
il/elle	soit
nous	soyons
vous	soyez
ils/elles	soient

Avoir	
que j'	aie
tu	aies
il/elle	ait
nous	ayons
vous	ayez
ils/elles	aient

• *Quoi que…, où que…, que… ou que…* impliquent une idée de possibilité, opposée à l'idée de la réalité. C'est pourquoi on utilise le subjonctif.

On pourrait exprimer la même idée avec même si (+ indicatif) :
Même si je **fais** toutes sortes de choses …
Même si je suis dans toutes sortes de lieux …
Même si j'apprends toutes sortes de choses …
Même si nous avons tort, ou même si nous avons raison …

On pourrait aussi utiliser l'expression *avoir beau* (+ infinitif) :
J'**ai beau faire** toutes sortes de choses …
J'ai beau être dans toutes sortes de lieux …
J'ai beau apprendre toutes sortes de choses …

• « *Crois-tu qu'on **puisse** être bien tendre quand on manque de pain ?* »

(Manon Lescaut)

Puisse est le subjonctif du verbe *pouvoir*.
Ici, on peut exprimer la même idée avec : *il est probable, il est douteux* :

Il est peu probable qu'on puisse être tendre …
Je doute qu'on puisse être tendre …

Pour Manon, il est peu probable qu'on soit tendre, quand on manque de pain.
Le subjonctif exprime **le doute**.

Pouvoir	
que je	puisse
tu	puisses
il/elle	puisse
nous	puissions
vous	puissiez
ils/elles	puissent

• « *Oh ! je voudrais tant que **tu te souviennes**
Des jours anciens où nous vivions heureux…* »

Tu te souviennes est le subjonctif du verbe *se souvenir*.
On utilise le subjonctif après les verbes exprimant **la volonté, le désir, le souhait**.
On rejoint ainsi l'idée de **possibilité** : Ce n'est pas la réalité, ce n'est que le désir.

Se souvenir	
que je me	souvienne
tu te	souviennes
il/elle se	souvienne
nous nous	souvenions
vous vous	souveniez
ils/elles se	souviennent

● Comparez l'indicatif et le subjonctif :

*Il n'y a que toi que **je peux** aimer.*
J'envisage mon amour qui est réel actuellement.

*Il n'y a que toi que **je puisse** aimer.*
J'envisage toutes les autres possibilités d'amour, qui ne sont pas réelles, mais seulement virtuelles (possibles).

Le **subjonctif** envisage l'action de manière virtuelle (possible ou souhaitable).

L'**indicatif** envisage l'action de manière réelle (elle a lieu, elle a eu lieu, elle aura lieu).

UNITÉ 3

POUR COMMUNIQUER

 EXERCICE 1 **Amorces. Situations de communication.**

a. **Écoutez les amorces et découvrez dans quelles situations, dans quelles circonstances ces énoncés ont été dits.**

a) les interlocuteurs possibles, leur groupe d'âge ;

b) le lieu de la conversation ;

c) les sentiments des locuteurs (colère, étonnement, reproche, satisfaction).

1. a) ....

b) ....

c) ....

2. a) ....

b) ....

c) ....

3. a) ....

b) ....

c) ....

4. a) ....

b) ....

c) ....

5. a) ....

b) ....

c) ....

EXERCICE 2 **Soyez laconique !**

a. Essayez de répondre de façon appropriée, en utilisant les mots proposés dans la colonne A.

1. — Il a encore cassé quelque chose !
    — .... !

2. — Tu crois qu'il gagne 18.000 F. par mois ?
    — .... !

3. — Éric n'a même pas vidé la poubelle cette semaine !
    — .... !

4. — Je voudrais qu'il parte d'ici.
    — Où veux-tu qu'il aille ?
    — .... !

5. — Il ne veut pas quitter mon appartement.
    — .... , il n'a pas tort ! On est bien ici.

6. — Il est complètement indifférent et même égoïste !
    — .... !
    — Quoi ?
    — Égoïste !

7. — Il profite de moi, voilà ce qu'il fait.
    — ...., c'est toi qui l'encourages !
    C'est de ta faute.

8. — Il restera toujours chez moi, ça c'est sûr.
    — .... tu ne lui donnes plus d'argent.

9. — Oh ! j'ai cassé un verre.
    — .... ! Tu n'as pas de chance.

10. — Combien tu lui donnes d'argent par semaine ?
    400 F.?
    — .... !

Colonne A
• *décidément !*
• *ailleurs !*
• *dans le fond...*
• *quand même !*
• *surtout !*
• *au moins !*
• *sauf si...*

b. Utilisez les mots de la colonne B pour expliquer ce que vous avez voulu dire quand vous avez choisi les mots de la colonne A.

Colonne A	Colonne B
1. décidément !	**a.** particulièrement !
2. ailleurs !	**b.** il n'arrête pas de faire des bêtises
3. dans le fond...	**c.** il exagère !
4. quand même !	**d.** excepté si …
5. surtout !	**e.** en réalité, …
6. au moins !	**f.** au minimum
7. sauf si …	**g.** pas chez moi !

84-85

EXERCICE 3 **Sanctions et récompenses.**

Cherchez dans votre propre culture des exemples de :

1. sanctions substantielles pour vos enfants

....

2. récompenses rituelles pour un enfant

....

3. sanctions substantielles à l'école

....

4. récompenses rituelles à l'école

....

5. sanctions substantielles pour les adultes

....

6. récompenses rituelles pour les adultes

....

7. sanction rituelle pour une femme

....

8. sanction rituelle pour un homme

....

N.B. : Une sanction substantielle prive quelqu'un, lui retire quelque chose de concret. Une sanction rituelle punit psychologiquement les gens : on leur fait honte.

84-85

EXERCICE 4 **Manifestation des modèles sociaux.**

Comment réagissez-vous quand vous êtes témoin des situations suivantes. Vous les sanctionnez ou vous les récompensez ?

	on sanctionne	on récompense
1. un chauffeur brûle un feu rouge		
2. quelqu'un découvre la bombe atomique		
3. vous jetez un papier par terre		
4. quelqu'un «passe son temps» à peindre ou à faire de la musique		
5. un clochard vous demande de l'argent		
6. quelqu'un triche à un examen		
7. quelqu'un achète la moitié de votre village		
8. quelqu'un étudie sans passer d'examens		
9. quelqu'un gagne beaucoup d'argent sans travailler		
10. une femme élève seule ses quatre enfants		

84-85

EXERCICE 5 Les rites de passage en France.

Déclaration officielle obligatoire	cérémonies	âges	modèles obligatoires	modèles préférentiels
naissance	Baptême (C.R.)	0/1		oui
certificat de naissance	Première communion (C.R.)	10		oui
	Confirmation (C.R.)	12		oui
	Baccalauréat (C.L.)	16/18		oui
	Permis de conduire (C.L.)	18 +		oui
	Licence/Maîtrise (C.L.)	21/22		oui
	C.A.P. Certificat d'aptitude professionnelle (C.L.)	18/21		oui
Service militaire livret militaire	Service militaire (C.R.)	21 +	oui	oui
	Fiançailles (C.L.)	18 +		oui
	* Mariage (C.L./C.R.)	18 +		oui
	Doctorat (C.L.)	?		oui
	Nomination à un poste de cadre (C.L.)	?		oui
	Nomination à un grade supérieur (C.L.)	?		oui
	Décorations : la légion d'honneur/les palmes académiques, etc… (C.L.)	?		oui
	Retraite (C.L.)	60 +		oui
mort certificat de décès	* Enterrement/incinération (C.L./C.R.)	?	oui	oui

(N.B. : C.R. : Cérémonie religieuse, C.L. : Cérémonie laïque).

Observez le tableau des rites de passage en France.

• Comparez avec votre culture. Est-ce qu'il y a aussi peu de rites de passage obligatoires chez vous, ou plus ?

• Est-ce que les rites préférentiels chez vous sont plus nombreux qu'en France ?

• Est-ce que les rites de passage chez vous ont lieu à peu près aux mêmes âges qu'en France ?

• Pensez-vous que les rites préférentiels peuvent vite devenir obligatoires dans une société donnée ? Justifiez votre réponse.

• En France le service militaire n'est obligatoire que pour les hommes. Qu'en pensez-vous ?

• Jusqu'à l'âge de 12 ans, le petit Français ne connaît que des cérémonies religieuses. Ensuite, toutes les cérémonies seront obligatoirement laïques. Qu'en pensez-vous ?

ENTRAÎNEMENT

EXERCICE 1 **En simultané.**

Quand deux actions sont réalisées en même temps par quelqu'un, on peut mettre une des actions au gérondif : « en + participe présent du verbe ».

Exemple : **Il fallait qu'on fasse nos études en travaillant pour gagner notre vie.**
(C'est à dire qu'il ont fait des études et qu'ils ont travaillé en même temps.)

Transformez les phrases suivantes en utilisant le gérondif.

1. Éric est sorti de l'appartement <u>et en même temps, il a claqué</u> la porte.

....

2. Pierre et Michel ont discuté <u>et en même temps ils ont pris</u> un apéritif.

....

3. Pierre a parlé <u>et en même temps il a servi</u> un verre à Michel.

....

4. Ils ont parlé de leur jeunesse <u>et ils ont ri</u> du passé.

....

5. Pierre a quitté l'appartement <u>et il a dit</u> qu'il ferait réparer sa porte.

....

EXERCICE 2 **Observez et découvrez la formation du gérondif.**

Nous **faisons** nos études **en faisant** des ménages.
Nous **prenons** des informations **en prenant** nos billets de voyage.
Nous **écrivons** une lettre **en écrivant** de notre mieux.
Nous **buvons** un café **en le buvant** lentement.
Nous **lisons** ce livre **en le lisant** à haute voix.
Il est sorti **en claquant** la porte.
Il est parti **en brisant** ma statue étrusque.
Il a cassé un verre **en voulant** prendre une cigarette.
Il a perdu son attaché-case **en revenant** à Paris.
Nous avons rencontré Pierre **en allant** au cinéma.
Elle a renversé son verre **en se levant**.
Je me suis trompé de couleur **en choisissant** cette cravate.
Éric sera plus sage **en grandissant**.

Vérifiez votre découverte.

1. Le gérondif se forme à partir de l'infinitif ☐
   à partir de l'indicatif présent ☐
   à partir de la première personne du pluriel de l'indicatif présent ☐

2. Le gérondif est une forme verbale variable ☐
   invariable ☐

3. Le gérondif peut avoir un complément oui ☐
   non ☐

4. Le complément du gérondif se place après le gérondif ☐
   avant le gérondif ☐
   entre les deux éléments du gérondif ☐

60-61

E X E R C I C E 3 **L'exception confirme la règle.**

Essayez de trouver l'infinitif et la première personne du pluriel de l'indicatif présent des verbes au gérondif.

	infinitif	1re pers. du pluriel de l'indicatif présent
1.	....	nous ...
2.	....	....
3.	....	....
4.	....	....
5.	....	....
6.	....	....
7.	....	....
8.	....	....

1. Il est parti en ayant mal au dos.

2. Elle est partie en étant très triste.

3. Nous sommes venus en sachant qu'ils seraient probablement absents.

4. Ils ont discuté en buvant l'apéritif.

5. Nous sommes partis en apercevant Michel.

6. Ils ont ri en nous voyant.

7. J'ai été surprise en comprenant leurs difficultés.

8. Ce jour-là, en finissant son travail, il a décidé de quitter définitivement ce métier.

60-61

E X E R C I C E 4 **Quand ? Comment ?**

Attention, le gérondif peut soit marquer la simultanéité temporelle, soit indiquer la manière dont on fait quelque chose.

Temps ou manière ?

	temps	manière
1. Il est parti en claquant la porte.	☐	☐
2. Ils ont discuté en buvant.	☐	☐
3. Pierre a renversé un verre en servant Michel.	☐	☐
4. La porte a claqué en se fermant.	☐	☐
5. En descendant, ils riaient.	☐	☐
6. Pierre s'est blessé en ouvrant une bouteille.	☐	☐
7. Ils ont travaillé en faisant leurs études.	☐	☐

EXERCICE 5 **Une pièce surréaliste en cinq actes.**

Reformulez les actions suivantes en utilisant le gérondif.

Attention, l'action essentielle restera à l'indicatif, seules les actions secondaires seront au gérondif.

1. C'est un homme qui rentre chez lui :
- il allume la lumière, il se brûle.

....

- il se brûle, il crie.

....

- il crie, il alerte ses voisins.

....

2. Les voisins ont entendu ses cris :
- ils forcent la porte, ils entrent.

....

- ils entrent, ils voient l'homme allongé par terre.

....

- ils composent le 17, ils demandent de l'aide à la police.

....

3. Et pendant ce temps, le blessé :
- Il entend ses voisins parler, il se réveille.

....

- il se met difficilement debout, il apprend que la police va arriver.

....

4. Des voisins beaucoup trop secourables !
- les voisins aident le blessé à s'asseoir, ils lui cassent le bras.

....

- ils le réconfortent, ils appellent une ambulance.

....

5. La Police et l'ambulance arrivent :
- les policiers arrivent, ils demandent des explications.

....

- les ambulanciers entrent, ils courent.

....

- ils repartent, ils emportent le blessé.

....

- un policier veut allumer la lumière, il se brûle à son tour.

....

- ses collègues le voient tomber, ils crient de surprise.

....

- ils attendent une nouvelle ambulance, ils appellent un électricien de toute urgence.

....

75

EXERCICE 6 Analyse de cas.

Éric (19 ans) :

– J'ai dix-neuf ans, je ne sais pas exactement ce que je veux.

J'ai des difficultés à vivre avec mon père. J'ai de l'argent mais pas assez pour sortir avec mes amis.

J'étudie, je ne gagne pas d'argent.

Je ne sais pas ce que je ferai comme travail. J'ai beaucoup d'amis mais je m'ennuie souvent.

Je fais beaucoup de voyages, beaucoup de sport mais j'ai peur de l'avenir...

Heureusement que mon père m'aide, sinon je ne saurais pas comment vivre.

La compétition et les conditions de travail sont très difficiles pour moi.

Pierre (42 ans) :

– J'ai 42 ans. Je suis interprète à la CEE. Je gagne bien ma vie.

J'ai deux enfants et je paie tout pour eux. J'ai fait mes études en travaillant. Mes enfants, eux, n'ont pas besoin de travailler. J'ai trouvé tout de suite un boulot, après mes études. J'ai peur que mes enfants ne soient au chômage malgré leurs études.

J'ai toujours été heureux, je ne me suis jamais fait de soucis.

J'ai toujours été responsable de moi-même.

Personne ne m'a aidé.

Comparez ces deux cas en utilisant les marques de la comparaison.

Exemple : **Les 18-25 ans sont plus gâtés, mais plus stressés. Ils sont plus libres mais moins autonomes, plus studieux mais moins sûrs de l'avenir...**
Ils ont plus de problèmes que les jeunes de la génération précédente parce qu'il y a moins de travail pour eux (cf : *La presse parle des jeunes*).

- ■ plus ... que
- ■ moins ... que
- ■ aussi ... que

- ■ plus de ... que
- ■ moins de ... que
- ■ autant de ... que

1. La génération des 19 ans sait .... ce qu'elle veut .... la génération précédente.

2. Les jeunes ont .... difficultés à vivre avec leurs parents .... autrefois.

3. Ils ont .... argent pour sortir avec leurs amis.

4. Alors que les parents trouvaient .... facilement du travail, les jeunes ont .... chances de se trouver au chômage.

5. Les gens de la génération de Pierre étaient .... heureux et avaient .... soucis .... ceux de la génération d'Éric qui ont peut-être .... amis mais qui semblent s'ennuyer .... les gens de la génération de Pierre.

6. La génération précédente était .... responsable .... celle d'Éric qui a peur de l'avenir. Sa génération a .... problèmes .... celle de Pierre.

75

EXERCICE 7 **Votre propre analyse des deux cas (Éric et Pierre).**

Rédigez à votre manière les comparaisons entre la vie de Pierre et celle d'Éric.

75

EXERCICE 8 **Jeu lexical.**

Essayez de mettre les expressions et mots suivants en catégories de sens.

étudier – trouver un emploi – se loger – héberger – habiter – garder à la maison – vivre avec une copine – gagner à peine – travailler à plein temps – arrêter ses études – essayer de convaincre un patron – sélectionner – entrer dans un monde où tout est dur – rester à la maison – détester sortir – attirer ses copains à la maison – prolonger ses études – être en médecine – après son bac – passer le DEUG – licence – diplômes – études – profs – cadres supérieurs – donner des cours en fac.

a. études : ....

....

....

b. emploi : ....

....

....

c. logement : ....

....

....

75

EXERCICE 9 **Comparaisons de générations.**

Comparez votre vie et celle de vos parents en réemployant les trois thèmes et le lexique de l'exercice précédent : études, emplois, logements.

....

....

....

....

....

....

- aussi/plus/moins (adjectifs)
- autant que/plus que/moins que (verbes)
- autant de/plus de/ moins de (noms)

77

EXERCICE 10 **Jeu des définitions.**

Voici deux listes (A et B). Choisissez dans la liste B les verbes qui expliquent le mieux le sens des expressions de la liste A (attention ! plusieurs réponses sont possibles).

Liste A	Liste B
1. s'occuper beaucoup de ses enfants	a. défendre à quelqu'un de faire quelque chose
2. les encourager à faire du sport	b. protéger quelqu'un contre quelque chose
3. surveiller le choix des amis de ses enfants	c. permettre à quelqu'un de faire quelque chose
4. interdire à ses enfants de fumer	d. empêcher quelqu'un de faire quelque chose
5. fournir une protection contre l'environnement	e. faire attention à quelqu'un, faire attention à quelque chose
	f. pousser quelqu'un à faire quelque chose
	g. consacrer du temps à quelqu'un
	h. stimuler quelqu'un pour qu'il fasse quelque chose

77

EXERCICE 11 **De pures évidences.**

Complétez le commentaire suivant en utilisant : *c'est-à-dire* + un verbe de la liste B de l'exercice 10.

1. Les parents s'occupent beaucoup de leurs enfants, c'est-à-dire qu'ils ....

   ....

2. En général les parents encouragent leurs enfants à faire du sport et de la musique,

   c'est-à-dire qu'ils ....

   ....

3. Les parents surveillent le choix des amis de leurs enfants, ...

   ....

4. Beaucoup de parents interdisent à leurs enfants de fumer, ...

   ....

5. La famille fournit une protection contre l'environnement souvent agressif, c'est-à-dire

   que la famille ....

   ....

EXERCICE 12 **Un sondage Sofres-Figaro-FR3.**

<u>Un sondage
Sofres-Figaro-FR3</u>

Parents-enfants :
tout va
très bien

*Contrairement aux idées reçues
78 % des parents jugent bonne l'entente
avec leurs enfants*

• **78 % des parents** disent que l'entente avec leurs enfants adolescents est excellente ou très bonne.

• **77 % des adolescents** sont du même avis.

• **38 % des adolescents** s'entendent mieux avec leur mère qu'avec leur père (17 % seulement s'entendent mieux avec leur père).

• **59 % des parents** interdiraient à leur fils ou à leur fille d'amener leur petit(e) ami(e) pour passer la nuit dans leur maison.

• **Pour 28 % des adolescents**, le goût du travail est la chose la plus importante.

Le Figaro, mardi 3 avril 1990.

Lisez les résultats du sondage. Relevez les pourcentages. Lesquels de ces pourcentages représentent, à votre avis :

1. une grande majorité : ....

2. une majorité appréciable : ....

3. un pourcentage non négligeable : ....

4. un faible pourcentage : ....

5. une minorité : ....

75

Exemple : **Même si** les parents ne sont pas contents de voir leur frigidaire dévasté, ils ne sont pas mécontents de garder leurs enfants à la maison.
Les enfants sont plus libres **mais** moins autonomes.
Philippe a 22 ans **et pourtant** il habite encore chez sa mère !

Mettez en relation d'opposition les éléments de la colonne A avec ceux de la colonne B en employant les expressions proposées.

- Même si A, B
- A mais B
- A et pourtant B

A	B
1. Mon père n'a pas son Bac	elle habite chez eux.
2. Elle dit qu'elle ne supporte pas ses parents	il gagne beaucoup d'argent.
3. Cécile est très prise par ses études	on les évite en n'en parlant pas.
4. Erwan a son Bac + 3	elle garde des enfants le soir.
5. Les conflits de génération n'ont pas disparu	il ne trouve pas de travail intéressant.

1. ....

2. ....

3. ....

4. ....

5. ....

Trouvez les mots qui vont ensemble et faites des phrases.

Verbes	*Noms*	
stimuler	l'injustice	un prétexte
fournir	la jalousie	l'enthousiasme
susciter	le moyen	l'appétit
s'élever contre	le plaisir	l'admiration
donner	l'occasion	le désir

Il n'y a pas que les femmes qui sachent élever leurs enfants et leur donner des soins quotidiens.
- Les femmes ....
- Savoir élever les enfants ....

Sauver la terre suscite l'enthousiasme de beaucoup de jeunes.
- Beaucoup de jeunes ....
- L'enthousiasme ....

La charité peut-elle suffire à vaincre les inégalités sociales ?

- Peut-on ....
- Les inégalités sociales ....

Les jeunes se sont élevés en grand nombre contre les réformes visant à introduire la sélection à l'université.

- Beaucoup de ....
- L'introduction ....

Même si les parents trouvent souvent le frigo vide, ils ne sont pas mécontents d'avoir l'affection des enfants.

- Bien que ....
- Les parents sont heureux ....

EXERCICE 16 Variations sur un thème sémantique.

Le thème	Adjectifs	Noms	Verbes
• famille	fidèle	mère	rire
• la paix	rebelle	sœur	pleurer
• l'ennui	douillet	cœur	bercer
	joyeux	foyer	s'éveiller
	amer	matin	appeler
	mortel	nid	crier
		souci	

1. **Associez les mots du thème à des adjectifs, des noms ou des verbes.**
2. **Faites des phrases.**
3. **Composez un petit texte à partir des phrases et associations verbales.**

EXERCICE 17 Rimes.

1. **Faites rimer les mots suivants.**

berceau	bébé
famille	calin
chagrin	ville
tranquille	frais
paix	gentille
foyer	cadeau

2. **Trouvez des rimes pour les mots suivants :**

baiser : .... bonheur : .... nid : ....

ennui : .... matin : .... souci : ....

3. **Choisissez des mots qui riment et faites un court poème.**

....

....

....

....

....

....

Aspects de la langue.

● **Observez le subjonctif :**

> • « *Il est hors de question que tu **ailles** chez les clochards.* »

Ailles est le subjonctif du verbe *aller*.
L'expression *Il est hors de question* signifie *Il n'est pas question*, c'est-à-dire *Je ne veux pas*. Cette expression est donc suivie du subjonctif comme tous les verbes qui expriment la volonté, le désir.

Aller	
que j'	aille
tu	ailles
il/elle	aille
nous	allions
vous	alliez
ils/elles	aillent

> • « *La vieillesse ce n'est pas la sagesse, à moins que la sagesse ce **soit** de ne plus rien savoir.* »

Soit est le subjonctif du verbe *être*.
L'expression *à moins que* est équivalente de *sauf si, excepté si* :
    La vieillesse ce n'est pas la sagesse, sauf si la sagesse c'**est** de ne plus rien savoir.

Avec *si,* qui exprime la condition, on utilise toujours l'indicatif. Mais avec la conjonction *à moins que,* qui exprime une idée de possibilité sous-jacente (il est possible que, il se peut que), on utilise le subjonctif.

● **Le participe présent :**

> • « ***Croyant que** je cherchais à m'emparer de la clé, elle rejeta les bras en arrière.* »

Croyant est le participe présent du verbe *croire*. La construction exprime ici la causalité :
    Parce qu'elle croyait que je voulais prendre la clé, elle rejeta les bras en arrière.

● **Le plus-que-parfait :**

> • « *J'**avais bourré** une valise de vieilles guitares.* »

Il avait bourré sa valise avant la scène qui va se passer avec sa mère.

● **Observez comment on exprime la manière et l'attitude :**

Pour indiquer la manière de faire ou d'être et l'attitude, il y a différentes possibilités en français :

    Elle marchait **d'un pas militaire**.
    Il marchait **avec difficulté**.
    Je l'implorai **doucement**.
    Elle rejeta les bras **comme une tragédienne**.
    Elle était installée en bout de table, **tête basse**.
    J'aperçois mon père, **de dos**, devant l'ordinateur.
    Je regardais mon père, **comme s'il n'était pas mon père**.

On peut donc utiliser :

– de + nom (ou groupe nominal) : de dos, d'un pas militaire.

– comme + nom (ou phrase) : comme une tragédienne, comme s'il n'était pas mon père.

– l'adverbe en -ment : doucement, tristement, silencieusement (cet adverbe se forme sur le féminin de l'adjectif).

– le groupe nominal, placé entre deux virgules : (la) tête basse, les yeux fermés, les bras levés.

● **Comparaison de deux actions ou états :**

Plus ... plus, plus ... moins.

> **Plus** je la vois, **plus** je l'aime.
>
> **Plus** je vieillis, **moins** je comprends.
>
> **Plus** on est de fous, **plus** on rit. (proverbe)

● **Avez-vous relevé les nouveaux passé simples ?**

> *J'embrassai ma mère. Une larme roula sur sa joue. Je lui pris la main. Elle rejeta les bras. Elle remua des casseroles. Elle disposa un couvert. Il hocha la tête et rit. Il m'attrapa.*

Vous devez reconnaître maintenant les passés simples qui se terminent en -ai à la 1re personne et en -a à la 3e personne. Ce sont des verbes du premier groupe.

Le passé simple du verbe *prendre* est *prit* et celui du verbe *rire* est *rit*.

Prendre		**Rire**	
je	pris	je	ris
il/elle	prit	il/elle	rit
ils/elles	prirent	ils/elles	rirent

N.B. : Rappelez-vous que les premières et deuxièmes personnes du pluriel du passé simple ne sont presque jamais utilisées.

POUR COMMUNIQUER

 EXERCICE 1 **Amorces. Situations de communication.**

a. **Écoutez l'enregistrement et dites quelles sont les circonstances de ces situations de communication.**

a) À votre avis, qui parle et à qui ?

b) Dans quel lieu ?

c) De quoi peuvent-ils bien parler (trouvez un exemple approprié) ?

d) À quoi servent ces énoncés ?

Actes de parole
{
1. à accueillir quelqu'un
2. à s'informer
3. à se montrer coopératif / intéressé
4. à se plaindre
5. à se justifier / à s'expliquer
6. à raconter une expérience
}

	a) qui parle à qui	**b)** où ?	**c)** de quoi parlent-ils ?	**d)** actes de parole
1.				
2.				
3.				
4.				
5.				
6.				

114-115

EXERCICE 2 **Le temps et vous.**

Réagissez le plus honnêtement possible !

	oui	non	si
• Dans votre culture, chacun organise son temps comme il veut.	☐	☐	☐
• Dans votre culture, votre temps est organisé par les autorités.	☐	☐	☐
• Dans votre culture, les autorités organisent le temps et vous vous adaptez.	☐	☐	☐
• Dans votre société, il n'y a pas d'organisation du temps.	☐	☐	☐
• Le temps vous appartient : vous faites ce que vous voulez quand vous le voulez.	☐	☐	☐

114-115

EXERCICE 3 **Comment envisagez-vous le temps des autres ?**

Réagissez le plus honnêtement possible !

	oui	non	si	je ne sais pas
• Tout le monde pense comme moi.	☐	☐	☐	☐
• Personne ne pense comme moi.	☐	☐	☐	☐
• Le temps des autres est sacré pour moi.	☐	☐	☐	☐
• Mon temps est sacré pour les autres.	☐	☐	☐	☐
• Les autres ne font pas attention à mon temps.	☐	☐	☐	☐
• Je ne pense jamais au temps des autres.	☐	☐	☐	☐
• Chez moi, la notion de temps n'existe pas.	☐	☐	☐	☐
• Le temps des uns vaut bien le temps des autres.	☐	☐	☐	☐
• Si je suis en retard, ça ne veut rien dire.	☐	☐	☐	☐
• Le temps n'a aucune importance dans ma société.	☐	☐	☐	☐

114-115

EXERCICE 4 **Comment réagissez-vous ?**

Il est 14 h 15, vous téléphonez à une entreprise ou à une administration.

	normal	anormal
• Personne ne répond.	☐	☐
• La standardiste répond.	☐	☐
• La personne que vous demandez est absente.	☐	☐
• La personne que vous demandez est occupée.	☐	☐
• La standardiste vous demande d'appeler plus tard.	☐	☐
• Il n'y a personne au numéro que vous avez demandé.	☐	☐
• La standardiste vous demande de patienter.	☐	
• La standardiste ne peut pas vous dire quand vous pourrez contacter la personne demandée.	☐	☐
• La standardiste ne comprend pas ce que vous voulez.	☐	☐
• La standardiste n'a pas un « ton » officiel, son « ton » est plutôt privé.	☐	☐

114-115

EXERCICE 5 **Monochronie et polychronie.**

Selon Edward T. Hall, les sociétés organisent le temps de deux façons différentes :

– Les sociétés « monochrones » qui organisent une seule chose à la fois – et qui ne font qu'une seule chose à la fois – ce qui caractérise l'Europe du Nord.

– Les sociétés « polychrones » où les individus sont engagés dans plusieurs choses à la fois – ce qui est caractéristique de la Méditerranée.

La danse de la vie, Seuil, 1984.

D'après les études de cet anthropologue américain :

« La femme est par définition polychrone. »

« L'Américain est par définition monochrone dans son travail. »

« Les Orientaux sont le plus souvent polychrones. »

« Les Méridionaux sont plus polychrones que monochrones. »

« Les employés d'une grande entreprise multinationale sont monochrones. »

« Le petit commerçant français est polychrone dans son travail. »

1. **Choisissez une de ces définitions « sociales » et donnez des exemples précis concernant la tendance à la monochronie et à la polychronie.**

2. **Essayez d'imaginer les problèmes que peuvent rencontrer une monochrone et un polychrone qui se marieraient...**

3. **Pourquoi dit-on que la femme est par définition « polychrone » ?**

114-115

EXERCICE 6 **Êtes-vous monochrone ou polychrone ?**

Monochrone		Polychrone	
• Je ne fais qu'une seule chose à la fois.	☐	• Je règle plusieurs choses à la fois.	☐
• J'organise ma journée de façon linéaire : chaque chose en son temps.	☐	• J'organise ma journée en fonction des gens qui viennent me voir.	☐
• Je pense qu'il y a des étapes à franchir pour arriver jusqu'à moi.	☐	• Toute personne qui veut me voir peut me rencontrer quand elle veut.	☐
• Je reçois des «dossiers».	☐	• Je reçois des «clients».	☐
• Je suis seul.	☐	• Il y a toujours quelqu'un près de moi.	☐
• J'ai besoin de solitude.	☐	• Je ne sais pas ce que la solitude veut dire.	☐
• Je traite un problème à la fois.	☐	• Je traite beaucoup de problèmes différents à la fois.	☐
• Je ne suis disponible que pour une personne à la fois.	☐	• Je peux écouter plusieurs personnes à la fois.	☐
• J'ai un seul programme établi par mon entreprise.	☐	• J'ai plusieurs programmes établis par moi-même et par mon entreprise.	☐
• Je suis toujours disponible aux heures de bureau.	☐	• Je suis toujours disponible et à la maison et dans mon entreprise.	☐
• Je gère tout seul un dossier.	☐	• Je peux discuter d'un dossier qui ne me concerne pas directement.	☐
• Le week-end, je vis seul avec ma famille.	☐	• Je peux faire des affaires pendant le week-end.	☐
• Ma vie privée est tout à fait séparée de ma vie professionnelle.	☐	• Chez moi, toutes mes vies se déroulent ensemble.	☐
• Je n'ai pas besoin d'amis.	☐	• Je suis toujours entouré d'amis.	☐
Si vous avez coché 9 ou dix réponses vous êtes fondamentalement un acteur de société monochrone.		**Si vous avez coché 9 ou dix réponses vous faites partie d'une société polychrone.**	

ENTRAÎNEMENT

90-91

E X E R C I C E   1 **Comment envisager une histoire passée.**

Deux temps sont à votre disposition :
• **Le passé composé**, si vous voulez montrer l'action ou l'état après le déroulement.
• **L'imparfait**, si vous voulez montrer l'action ou l'état pendant le déroulement passé.

1. Il y a quelque temps, Jacky .... aux USA.   • *aller*

2. Elle .... à New York parce qu'elle ....   • *partir*
   assister à un congrès d'informatique.   • *vouloir*

3. Pendant ce congrès, elle .... un Canadien.   • *rencontrer*

4. Ils .... et .... souvent.   • *se plaire*
      • *se voir*

5. À la fin du congrès, le Canadien .... à Jacky   • *proposer*
   d'aller au Canada. Jacky qui .... en vacances,   • *être*
   .... avec plaisir.   • *accepter*

6. Au Canada, ils .... bien ....   • *s'amuser*
   Ils .... quelques excursions au Québec et dans   • *faire*
   l'Ontario.

7. Jacky, pendant toutes ses vacances au Canada ....   • *être*
   très en forme. Elle .... tellement heureuse qu'à   • *être*
   un moment, elle .... qu'elle ....   • *penser*
   s'installer dans ce pays.   • *pouvoir*

8. Et puis, il .... rentrer en France.   • *falloir*
   Les cours au lycée .... le 15 septembre,   • *commencer*
   Jacky .... mais il ....   • *hésiter / falloir*
   partir puisqu'elle .... enseigner l'anglais au   • *devoir*
   lycée.

9. Avant de partir, elle .... à Gilles, son ami   • *demander*
   canadien, de venir la voir à Paris. Gilles ....   • *accepter*
   De toutes façons, Gilles .... connaître Paris   • *vouloir*
   et il ....content de pouvoir rencontrer des collègues   • *être*
   informaticiens à Montpellier.

10. Jacky et Gilles .... sur une date.   • *se mettre d'accord*
       • *se retrouver*

11. À la date fixée, ils .... à l'aéroport Charles
    de Gaulle.

12. L'avion de Gilles .... mais Jacky n' ......   • *avoir du retard*
    .... parce qu'elle .... que   • *être inquiète*
    l'avion .... du retard.   • *savoir*
       • *avoir*

13. Le jour où Gilles .... à Paris, il y ....

...... des grèves, c'est pour ça que son avion ....

- *arriver*
- *avoir*
- *avoir du retard*

14. Cécile, qui .... Jacky, ...

en entendant parler le québécois pour la première fois.

Elle ne .... pas que la langue québécoise

.... si différente du français.

- *accompagner*
- *être surprise*
- *savoir*
- *être*

15. Gilles .... rire Cécile mais Cécile aussi ....

rire Gilles parce qu'un petit accent est toujours amusant !

- *faire*
- *faire*

90-91

EXERCICE 2 **Une histoire pas commune.**

Utilisez le passé composé et l'imparfait, selon le cas.

1. En 1988, deux jeunes Canadiennes .... étudier à Paris. Arrivées à Paris, elles ....

à l'hôtel mais c' .... très cher.

- *venir*
- *descendre*
- *être*

2. Alors très vite, elles .... de louer à deux un appartement. Tous les matins, très tôt, elles ....

le journal et .... les petites annonces mais

aucune offre de location ne leur ....

- *décider*
- *prendre*
- *lire*
- *plaire*

3. Un jour, enfin, elles .... sur une magnifique occasion.

- *tomber*

4. Une petite agence immobilière .... un grand appartement pour la modique somme de 1 800 F. par mois !

C' .... miraculeux !

- *louer*
- *être*

5. Aussitôt, elles .... à l'agence mais il n' ....

pas encore 9 heures et les portes .... fermées.

- *se précipiter*
- *être*
- *être*

6. Elles .... avec impatience l'heure de l'ouverture.

- *attendre*

7. Enfin, un grand jeune homme .... et il ....

.... la petite agence.

- *arriver*
- *ouvrir*

8. Tout de suite, elles lui .... qu'elles ....

pour l'appartement à 1 800 F.

- *expliquer*
- *venir*

9. Il leur .... si elles .... visiter l'appartement immédiatement.

- *demander*
- *pouvoir*

10. Bien sûr, elles .... tout de suite !

- *accepter*

90-91

EXERCICE 3 Une histoire pas commune (suite).

1. L'appartement à louer .... dans le XVIIᵉ   • *se trouver*
   arrondissement, près de la place Clichy.

2. Le jeune employé de l'agence leur .... de   • *proposer*
   les conduire en voiture.

3. Mais, il y .... beaucoup de circulation ce   • *avoir*
   matin là et ils .... beaucoup de temps dans   • *perdre*
   les embouteillages.

4. Pendant ce long trajet, le jeune homme leur ....   • *annoncer*
   que l'appartement .... libre pour dix mois   • *être*
   seulement.

5. Elles .... ça bizarre mais elles ....   • *trouver*
   .... tellement un appartement qu'elles ....   • *vouloir*
   ....   • *ne rien dire*

6. Juste avant d'arriver à l'appartement, le jeune homme ......   • *préciser*
   .... que, pour avoir ce logement, elles ....   • *devoir*
   .... payer 4 mois à l'avance.

7. Elles .... ça énorme !   • *trouver*
   Alors, elles .... si elles ....   • *demander*
   payer deux mois d'avance seulement.   • *pouvoir*

8. Il leur .... que c' .... impossible.   • *répondre*
   C'................................ à prendre ou à laisser !   • *être*
                                                              • *être*

9. Les jeunes filles .... ,bien sûr !   • *accepter*

10. Que ....-elles faire ? Il .... bien   • *pouvoir*
    se loger ! Elles n' .... pas très contentes   • *falloir*
    mais elles .... ne rien dire avant de visiter   • *être*
    l'appartement.   • *préférer*

90-91

EXERCICE 4 Une histoire pas commune (suite).

1. C' .... un magnifique immeuble !   • *être*
   Pendant que le jeune homme .... sa voiture,   • *garer*
   les jeunes filles .... à droite et à gauche   • *regarder*
   pour se familiariser avec le quartier.

2. Ensemble, ils .... Il y ....   • *entrer*
   un ascenseur mais il .... occupé.   • *avoir*
                                                     • *être*
   Ils .... patiemment.   • *attendre*

3. L'appartement à louer .... au troisième étage.

• *se trouver*

4. Le jeune homme .... la porte et il ....
.... entrer ses clientes.

• *ouvrir*
• *faire*

5. Elles .... leur temps pour visiter l'appartement. Il .... magnifique. Il y ....
tout le confort.

• *prendre*
• *être*
• *avoir*

6. Les jeunes filles .... ravies et elles ....
de bonheur en découvrant leur nouveau logement.

• *être*
• *rire*

7. Très vite, le contrat de location .... Les quatre
mois de location .... et le jeune homme leur
.... les clés. Enfin, elles ....
chez elles !

• *signer*
• *payer*
• *donner*
• *être*

8. Le jour même, elles .... et elles ....
un bon dîner pour fêter leur installation.

• *s'installer*
• *faire*

9. Quelques jours plus tard, pendant qu'elles ....
quelqu'un .... d'ouvrir la porte d'entrée de
l'appartement.

• *dormir*
• *essayer*

10. Le bruit les .... et elles ....
très peur. Elles .... des pas dans l'entrée et
puis dans le salon.

• *réveiller*
• *avoir*
• *entendre*

90-91

E X E R C I C E 5 Une histoire pas commune (fin).

Utilisez le passé composé, l'imparfait et le plus-que-parfait, selon le cas.

1. Quelqu'un .... dans
l'appartement, comme s'il .... chez lui.

• *aller et venir*
• *être*

2. Les deux jeunes filles, malgré leur peur, ...
et .... vers le salon.

• *se lever*
• *aller*

3. Là, elles .... une dame qui ....
son manteau de voyage.
Il y .... deux valises posées à côté d'elle.

• *voir*
• *retirer*
• *avoir*

4. C'est la dame qui .... en les voyant. Les
deux jeunes filles .... et ne ....
pas parler.

• *crier*
• *trembler*
• *pouvoir*

5. — « Mais qu'est-ce que vous faites là ? » .... la
dame.

• *demander*

6. — « Et vous ? », ... les jeunes filles.

— « Moi ? mais je reviens de voyage et je rentre chez moi.
Qui vous .... de vous installer chez moi ?»

• *crier*
• *permettre*

7. — «On .... cet appartement, il y a cinq jours. C'est une agence qui nous .... cet appartement pour dix mois ! »

• *louer*
• *louer*

8. Les jeunes filles .... leur contrat de location et elles .... qu'elles .... quatre mois de loyer.

• *montrer*
• *préciser*
• *payer*

9. La dame leur a expliqué qu'elle .... travailler à l'étranger. Elle .... la France deux mois auparavant. Son entreprise lui .... un poste au Brésil et elle .... Mais la dame .... malade et elle .... rentrer en France. Elle .... supporter le climat tropical.

• *aller*
• *quitter*
• *offrir*
• *accepter*
• *tomber*
• *devoir*
• *ne pas pouvoir*

10. On .... de son absence pour «louer» son appartement ! Les jeunes filles .... 7 200 F. !

• *profiter*
• *perdre*

Le lendemain, les deux étudiantes canadiennes .... à l'agence. L'agence ....

• *aller*
• *disparaître*

90-91

EXERCICE 6 **Autre histoire.**

Utilisez les temps du passé.

1. Ce soir là, le médecin .... son cabinet vers 20 heures.

• *quitter*

2. Oui, il .... aller voir un malade rue le Royer, à Vincennes.

• *devoir*

3. En arrivant rue le Royer, il .... sa voiture derrière un gros camion.

• *garer*

4. Ce n' .... pas facile de se garer : il n'y .... pas beaucoup de place.

Mais le médecin .... pressé : il .... faire vite, le malade ....

• *être*
• *avoir*

• *être*
• *devoir*
• *attendre*

5. Après sa consultation qui .... 15 minutes au maximum, le médecin .... à l'endroit où il ...., mais à sa grande surprise sa voiture ....

• *durer*
• *retourner*
• *se garer*
• *disparaître*

6. Pendant sa consultation, on lui .... sa voiture.

• *voler*

7. Aussitôt, le médecin .... au Commissariat le plus proche pour déclarer le vol.

• *aller*

8. Il .... une déclaration en précisant qu'il

.... dans sa voiture les clés de son cabinet et un

parapluie qu'il .... beaucoup.

- *signer*
- *laisser*
- *aimer*

9. Les policiers .... étonnés en entendant

parler d'un parapluie.

Ils .... avoir plus de détails sur ce parapluie.

- *être*

- *vouloir*

10. Alors, le médecin leur .... que c' .... un

parapluie qui lui .... par son premier malade.

Ce jour là, il .... et le médecin n' ....

pas de parapluie.

Alors le malade lui en .... un et le médecin

l' .... comme une sorte de porte-bonheur.

- *expliquer*
- *être*
- *donner*
- *pleuvoir*
- *avoir*

- *donner*
- *garder*

90-91

E X E R C I C E   7 **Des explications nécessaires.**

Utilisez : « c'est... qui », « c'est... que », « c'est... dont », selon le cas.

1. — Qui est Gilles ?

— .... arrive de Montréal.

2. — Qu'est-ce que c'est EAO ?

— .... un enseignement .... est assisté par ordinateur.

3. — Tu connais la Gaspésie ?

— Non, mais je sais que .... dans cette région .... Gilles est né.

4. — Les logiciels tu connais ?

— Pas vraiment, je pense que .... un programme .... on a besoin en informatique.

5. — Tu connais le chanteur Renaud ?

— Un peu, ... un chanteur .... on parle beaucoup en France.

6. — Tu es allée au Canada, toi ?

— Pas encore, mais .... dans ce pays .... j'aimerais vivre.

7. — Tu aimes Jacky, toi ?

— Pas vraiment .... une femme .... on s'occupe trop !

8. — Cécile et Michel sont mariés ?

— Pas encore, mais .... un couple .... je connais depuis longtemps.

9. — Tu aimes l'informatique, toi ?

— Pas beaucoup, mais je sais que .... une science .... tout le monde aura besoin bientôt.

10. — Et le hockey sur glace, c'est intéressant ?

— Je ne sais pas, mais .... un sport .... Gilles adore et .... il parle assez souvent.

106-107

E X E R C I C E   8   **Jeux de lexique.**

1. Voici une liste de noms. Classez-les selon qu'ils réfèrent à une fonction dans l'entreprise ou à une catégorie sociale.

	Fonction dans l'entreprise	Catégorie sociale
employé	....	....
secrétaire bilingue	....	....
président directeur général	....	....
directeur général	....	....
directeur de section/chef de section	....	....
cadre moyen	....	....
cadre supérieur	....	....
ingénieur	....	....
technicien	....	....
manutentionnaire	....	....

2. Classez les fonctions dans l'entreprise selon la hiérarchie.

....
....
....
....
....
....
....
....

3. Voici des lieux de travail. Classez-les selon la hiérarchie.

départements

sections

bureaux

siège de la société

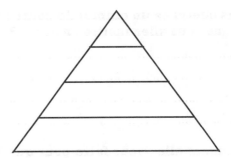

4. Vous êtes chef du personnel d'une entreprise. Quelles sont les quatre qualités que vous recherchez chez vos futurs collaborateurs (employés).

A	**B**	**C**	**D**
intelligence	fidélité	tolérance	simplicité
esprit d'entreprise	fiabilité	écoute	maturité
performance	constance	objectivité	honnêteté
compétence	solidarité	subjectivité	agressivité
créativité	modestie	mémoire	lenteur
disponibilité	individualisme	bonne humeur	rapidité
responsabilité	compétitivité	bonté	gentillesse

• Pour un cadre supérieur, j'aimerais qu'il…

A ....

B ....

C ....

D ....

• Pour un cadre moyen, j'aimerais qu'il…

A ....

B ....

C ....

D ....

• Pour un directeur de section, j'aimerais qu'il…

A ....

B ....

C ....

D ....

• Pour une secrétaire, j'aimerais qu'elle…

A ....

B ....

C ....

D ....

• Pour un cadre supérieur, j'aimerais qu'il…

A ....

B ....

C ....

D ....

5. Vous cherchez un emploi de cadre moyen. Quelles sont les quatre qualités que vous allez mettre en avant ?

A ....

B ....

C ....

D ....

6. Comment allez-vous faire pour que le chef du personnel comprenne que vous avez bien ces quatre qualités ?

....

....

112

EXERCICE 9 **Le temps passé.**

1. Relisez le texte de Chateaubriand et classez les verbes en fonction de la grille suivante.

4 septembre 1768 : temps de l'histoire		temps de l'écriture	
passé simple	**imparfait**	**passé composé**	**présent**
....	....	....	....
....	....	....	....
....	....	....	....
....	....	....	....
....	....	....	....
....	....	....	....
....	....	....	....

2. Observez les passés composés et les passés simples.

a. Lequel de ces deux temps du passé prouve que l'auteur est en train de parler de quelque chose qui lui est encore proche ?

....

b. Lequel de ces deux temps prouve que l'auteur prend un regard éloigné, distancié par rapport aux événements dont il parle ?

....

c. Aujourd'hui, si Chateaubriand était interviewé par un journaliste, il raconterait son histoire en employant le passé composé.

« La chambre où ma mère ....

.... »

d. Racontez à des touristes qui visitent Saint-Malo les circonstances de la naissance de Chateaubriand.

113

EXERCICE 10 **Des moyens pour faire une description.**

Relisez le texte de Bachelard. Ce texte est construit autour du thème de l'eau. Relevez les différents moyens que l'auteur utilise pour faire une description.

1. Comment Bachelard décrit son pays ?
« un pays de .... »

2. Quel adjectif Bachelard choisit-il d'abord pour parler de l'eau ?
« une eau .... »

3. Trouvez les adjectifs qui décrivent la couleur de l'eau.

« l'eau .... »

4. Trouvez les deux adjectifs qui généralisent l'idée de l'eau.

« l'eau .... »

« .... les fontaines »

5. Trouvez deux cas où, au contraire, il s'agit de préciser à qui appartient l'eau.

« .... »

« .... »

6. Trouvez deux cas où la description de l'eau est donnée par une proposition relative.

« l'eau qui ....»

« .... »

« .... »

7. L'eau est aussi un «lieu». Relevez les lieux où Bachelard désire :

habiter : « .... une eau vive »

marcher : « .... »

rêver : « .... »

s'asseoir : « .... »

113

EXERCICE 11 **Exercice de style.**

Décrivez votre pays, votre lieu de naissance en utilisant les différents moyens linguistiques que vous avez repérés dans l'exercice précédent.

106

EXERCICE 12 **Questions de précision.**

Répondez aux questions en utilisant les pronoms *en* ou *y* selon les cas.

Exemple : — Quand Jacques Maris a écrit son livre, était-il encore **à l'université** ?
— Oui, il **y** était.

1. — A-t-il étudié longtemps **à l'université de Paris VII** ?
— ....

2. — Jacques Maris a-t-il **parlé de compétition** à ses collègues ?
— ....

3. — Jacques Maris a-t-il travaillé **au ministère de l'Équipement** ?
— ....

4. — Est-il resté longtemps **au ministère** ?
— ....

5. — Et a-t-il habité longtemps **aux États-Unis** ?

— ....

6. — Au moment de la discussion **venait-il directement de Paris** ?

— ....

7. — Jacques Maris est-il **responsable de la nouvelle section** «urbanisme et informatique» depuis longtemps ?

— ....

111

EXERCICE 13 **Situations difficiles.**

Faites des hypothèses sur ces événements passés :
a. en imaginant le résultat **comme s'il avait eu lieu** (imparfait),
b. en imaginant le résultat **comme conditionnel** à l'hypothèse posée (conditionnel passé).

Exemple : **Le match n'a pas duré dix minutes de plus donc on n'a pas gagné.**
a. « Le match aurait duré dix minutes de plus, **on gagnait**. »
b. « Si le match avait duré, **on aurait gagné** ! »

1. Vous venez de rater votre train. Il est parti à 17 h 45 et vous êtes arrivé à la gare à 17 h 55 ! Vous dites :

a. ....

b. ....

2. Il est 19 heures. Des amis viennent de partir de chez vous. À 19 heures 30 votre mari rentre. Il ne les a pas vus depuis longtemps. Il se fâche.

Vous lui dites :

a. ....

b. ....

3. Votre professeur ne vous a donné qu'une heure pour faire votre test d'évaluation. Vous n'êtes pas content.

Vous lui dites :

a. ....

b. ....

4. Votre sœur de 15 ans vient de faire un gâteau : il est trop cuit.

Vous lui dites :

a. ....

b. ....

5. Vous venez d'apprendre que vous n'avez eu qu'une mention passable à votre examen.

Vous vous dites intérieurement :

a. ....

b. ....

6. Votre équipe de football ou de basket vient de perdre le match, vous discutez avec vos équipiers.

a. ....

b. ....

7. Vos amis ont vu un film merveilleux à la télévision dimanche dernier. Vous vous êtes couché très tôt, vous avez dormi.

Vous leur dites :

a. ....

b. ....

EXERCICE 14 **Créativité.**

… Cet été là, j'avais dix-sept ans et j'étais parfaitement heureuse. Les «autres» étaient mon père et Elsa, sa maîtresse. Il me faut tout de suite expliquer cette situation qui peut paraître fausse. Mon père avait quarante ans, il était veuf depuis quinze ans ; c'était un homme jeune plein de vitalité, de possibilités …

C'était un homme léger, habile en affaires, toujours curieux et vite lassé et qui plaisait aux femmes. Je n'eus aucun mal à l'aimer et tendrement, car il était bon, généreux, gai et plein d'affection pour moi. Je n'imagine pas de meilleur ami ni de plus

© LGF

Françoise Sagan, extrait du Chapitre premier de *Bonjour Tristesse* (roman paru en 1954), son auteur avait 18 ans ; ce fut un best-seller !

Imaginez la suite du roman. Vous emploierez les verbes suivants : s'entendre bien, se parler, se rencontrer, se téléphoner, se voir, s'aimer.

EXERCICE 15 « Et voilà comme on écrit l'histoire ! ».

LE RETOUR AU PAYS

C'est un Breton qui revient au pays natal
Après avoir fait plusieurs mauvais coups
IL se promène devant les fabriques à Douarnenez
Il ne reconnaît personne
Personne ne le reconnaît
Il est très triste
Il entre dans une crêperie pour manger des crêpes
Mais il ne peut pas en manger
Il y a quelque chose qui les empêche de passer
Il paye
Il sort
Il allume une cigarette
Mais il ne peut pas la fumer
Il y a quelque chose
Quelque chose dans sa tête
Quelque chose de mauvais
Il est de plus en plus triste
Et soudain il se met à se souvenir :
Quelqu'un lui a dit quand il était petit
« Tu finiras sur l'échafaud »
Et pendant des années
Il n'a jamais osé rien faire
Pas même traverser la rue
Pas même partir sur la mer

Rien absolument rien
Il se souvient
Celui qui avait tout prédit c'est l'oncle Grésillard
L'oncle Grésillard qui portait malheur à tout le monde
La vache !
Et le Breton pense à sa sœur
Qui travaille à Vaugirard
A son frère mort à la guerre
Pense à toutes les choses qu'il a vues
Toutes les choses qu'il a faites.
La tristesse se serre contre lui
Il essaye une nouvelle fois
D'allumer une cigarette
Mais il n'a pas envie de fumer
Alors il décide d'aller voir l'oncle Grésillard
Il y va
Il ouvre la porte
L'oncle ne le reconnaît pas
Mais lui le reconnaît
Et il lui dit :
« Bonjour oncle Grésillard »
Et puis il lui tord le cou.
Et il finit sur l'échafaud à Quimper
Après avoir mangé deux douzaines de crêpes
Et fumé une cigarette.

« Le retour au pays » in ***Paroles*** © Gallimard.

Réécrivez ce poème de Prévert en mettant les verbes au passé (passé composé, imparfait ou plus-que parfait selon les cas).

EXERCICE 16 **Collocations.**

Trouvez les mots qui vont ensemble et faites des phrases.

Verbes	*Noms*	
obtenir	un châtiment	un renseignement
conserver	une peine	la liberté
revendiquer	la solitude	la jeunesse
supporter	le succès	l'identité
se féliciter de	la bêtise	une confirmation
infliger	l'indépendance	la justice

EXERCICE 17 **Variations sur un thème syntaxique.**

Malgré une superficie immense, le Canada est peu peuplé : vingt-cinq millions d'habitants dont six millions sont de langue française.

- Bien que ....
- La population ....

La majeure partie des francophones vivent dans la province du Québec, mais il existe des communautés de langue française dans toutes les provinces.

- C'est au Québec ....
- On rencontre ....

Le Canada, pays de climat continental, a de longs hivers très enneigés, d'où l'intérêt prononcé des Canadiens pour les sports sur glace.

- Le climat ....
- Les Canadiens s'intéressent ....

Le Canada, c'est aussi des territoires encore sauvages et peu peuplés où le touriste peut rencontrer le castor ou l'ours noir en liberté.

- Au Canada ....
- Le castor et l'ours noir ....

Les Québécois ne sont pas tout de suite compris par un Français de France. C'est parce qu'ils parlent entre eux un argot qui s'appelle le joual.

- Les Québécois parlent ....
- La raison ....

EXERCICE 18 **Variations sur un thème sémantique.**

Le thème	*Adjectifs*	*Noms*	*Verbes*
• *le feu*	fermé	le flocon	tomber
• *la fenêtre*	froid	la braise	soupirer
• *la neige*	tiède	la silhouette	rêver
	solitaire	la chaleur	évoquer
	glacé	le bonheur	apercevoir
	brûlant	le parc	

1. Associez les mots du thème à des adjectifs, des noms ou des verbes.

2. Faites des phrases.

3. Composez un texte.

EXERCICE 19 **Rimes.**

1. Faites rimer les mots suivants.

soir   l'âme
maison   la chanson
joie   la raison
glaçon   boire
braise   apaise
flamme   le bois

2. Trouvez des rimes pour les mots suivants :

jalouse : ....   douce : ....   colère : ....

peur : ....   naître : ....   rien : ....

3. Choisissez des mots qui riment et faites un court poème.

....

....

....

....

....

....

....

....

....

110-111

Aspects de la langue.

● Visions du passé.

Deux manières d'envisager un événement irréel du passé et son résultat :

a. L'événement n'a pas eu lieu mais :

On peut faire l'hypothèse qu'il a eu lieu :

*Si le match **avait duré** plus longtemps* (plus-que-parfait).

On peut aussi voir l'événement qui n'a pas eu lieu, de manière conditionnelle (il aurait pu exister) :

*Le match **aurait duré** plus longtemps* (conditionnel passé).

b. Le résultat de l'événement (si celui-ci avait eu lieu) :

Le résultat peut être envisagé comme conditionnel (c'est-à-dire lié à l'événement hypothétique qui en est la condition) :

*On **aurait gagné*** (conditionnel passé).

Le résultat peut être envisagé comme réel, c'est-à-dire qu'on le voit comme s'il avait eu lieu (on se voit gagnant même si on sait qu'on n'a pas gagné) :

*On **gagnait*** (imparfait).

En résumé :

Événement hypothétique Si le match avait duré	Résultat conditionnel on aurait gagné
Événement conditionnel Le match aurait duré	Résultat envisagé comme réel on gagnait

Les combinaisons sont possibles :

Si le match avait duré …, on aurait gagné. Le match aurait duré …, on aurait gagné.

Si le match avait duré …, on gagnait. Le match aurait duré …, on gagnait.

● Observez les verbes pronominaux :

• « ***Je me félicite*** *de votre succès.* »

Se féliciter de dans l'usage courant, signifie *être heureux de quelque chose*.
Le verbe *féliciter* a perdu son sens plein et le pronom ne désigne pas l'objet de l'action.
C'est-à-dire que le monsieur ne se félicite pas lui-même. Il est simplement heureux du succès de l'artiste.

• « ***Je vous félicite de*** *mon succès.* »

Féliciter quelqu'un de quelque chose a gardé le sens plein. Il signifie *donner des félicitations à quelqu'un.*

Raymond Devos interprète d'abord *se féliciter* dans le sens de *féliciter* en prétendant que le monsieur se donne à lui-même des félicitations. C'est pourquoi il lui dit : *Vous n'y êtes pour rien* c'est-à-dire *vous n'êtes pas responsable de mon succès.*

Puis il utilise le verbe *féliciter* dans le sens plein et félicite le monsieur (*Je vous félicite*) parce qu'il pense qu'il a contribué à son succès.

> • « *Mon voisin **s'est fait installer** un parcmètre.* »

Le voisin n'a pas installé le parcmètre lui-même, quelqu'un (on) l'a installé pour lui :

> Je **me** suis fait installer un parcmètre : on l'a installé **pour moi.**
> Tu **t'**es fait faire une robe : on (une couturière) a fait une robe **pour toi.**
> Il **s'**est acheté une voiture : il a acheté une voiture **pour lui-même.**
> Elle **s'**est acheté une robe : elle a acheté une robe **pour elle-même.**
>
> Mais : Elle **lui** a acheté une cravate : elle a acheté une cravate **pour lui.**

Règle : Dans les verbes pronominaux, les pronoms objets *me, te, se* renvoient à la même personne que les pronoms sujets *je, tu, il, elle.*

> • « *Il **l'**a mise devant son parcmètre.* »

Il a mis la voiture devant son parcmètre. *Voiture* est féminin, on ajoute un -e au participe passé parce que le pronom objet direct *l'* qui représente la voiture est placé avant le verbe.

Mais : Il a **mis** la voiture devant son parcmètre.

Le participe passé reste au masculin parce que le nom objet direct *voiture* est placé après le verbe.

Pour la même raison, on dit :

> Il s'est achet**é** une voiture.
> Elle s'est achet**é** une robe.

Rappel de la règle d'accord des participes passés :
Les participes passés employés avec l'auxiliaire *avoir* et avec l'auxiliaire *être* des verbes pronominaux s'accordent avec l'**objet direct** du verbe et seulement s'il est placé avant.

POUR COMMUNIQUER

E X E R C I C E   1   **Amorces.**

Écoutez les 8 énoncés des amorces.

Classez ces énoncés selon la personne qui parle.

Employé de l'administration	Administré ou client
....	....
....	....
....	....
....	....

Imaginez une situation où peut s'employer le premier énoncé des amorces.

Où ?	Quand ?	Que s'est-il passé ?	Quelles sont les paroles de l'employé de l'administration ?
....	....	....	....
....	....	....	....
....	....	....	....
....	....	....	....

Imaginez une situation où peut s'employer le dernier énoncé des amorces.

Où ?	Quand ?	Que s'est-il passé ?	Quelles sont les paroles de l'administré/client ?
....	....	....	....
....	....	....	....
....	....	....	....

130

EXERCICE 2 **Savoir-faire administratif au téléphone.**

1. Vous demandez un service à la standardiste d'une administration ;
    elle répond :
    - ne partez pas. ☐
    - ne laissez pas. ☐
    - ne quittez pas. ☐

2. Vous demandez un service dans une administration ;
    vous dites :
    - je veux le service des micro-films. ☐
    - passez-moi le service des micro-films. ☐
    - pourriez-vous me passer le service des
      micro-films, s'il vous plaît ? ☐

3. Vous tombez sur le mauvais service ;
    l'employé vous explique :
    - je ne fais pas ce travail. ☐
    - ce n'est pas mon service. ☐
    - je ne sais pas de quoi vous parlez. ☐

4. Vous voulez vérifier que vous êtes bien dans le bon service ;
    vous dites :
    - c'est bien le bon service ? ☐
    - je suis bien au service des micro-films ? ☐
    - je suis bien dans une administration ? ☐

5. Vous travaillez dans un service ; une cliente se fâche parce
    qu'elle n'arrive pas à joindre le service compétent ;
    vous lui dites :
    - je n'en ai rien à faire. ☐
    - ce n'est pas de ma faute. ☐
    - je suis désolé(e) je ne peux pas vous répondre. ☐
    - téléphonez plus tard, il n'y a personne ici. ☐

6. Vous recevez un appel téléphonique d'un client, vous ne pouvez pas
    le renseigner ;
    vous dites :
    - je ne sais pas. ☐
    - je ne peux pas vous répondre. ☐
    - il n'y a personne pour vous répondre. ☐
    - je vais vous passer le service compétent. ☐

131

EXERCICE 3 **L'administration se trompe.**

RELEVÉ DE COMPTE	DATE	DÉBIT	CRÉDIT
ANCIEN SOLDE AU 31 10 90	31 10 90	617,43	
VERSEMENT ESPECES 7/12/90	12 12 90	617,43	
REPRIS SOLDE CBT PH. V.	30 12 90		219,04
FRAIS DE DOSSIER		330,22	
SOLDE DEBITEUR :		1346,04	

Madame, Mademoiselle, Monsieur,
*Je vous prie de trouver ci-dessus le détail
des sommes dont vous êtes redevables.
Le solde débiteur est à règler sous 15 jours,
par chèque ou virement, à l'ordre de*
CABINET VEBBEY

1. **Lisez le relevé de compte et trouvez l'erreur !**
2. **Imaginez que vous avez reçu cette facture à payer. Bien sûr, vous n'êtes
    pas content et vous le faites savoir au cabinet Vebbey pour lui signaler
    son erreur inadmissible.**

131

EXERCICE 4 **Bizarreries administratives.**

Relisez la lettre que l'administration a adressée à Madame Paulette Mouchette.
Imaginez que vous êtes journaliste. Vous voulez dénoncer les bizarreries administratives en critiquant la lettre reçue par madame Mouchette.

1. Rappeler le cas de Mme Mouchette, logée chez des particuliers.

....
....
....

2. Dites l'espace dont elle dispose.

....
....

3. Faites une comparaison avec l'espace prévu par la loi de la caisse d'allocation de logement.

....
....
....

4. Donnez votre conclusion logique.

....
....

5. Faites un mot d'ironie pour critiquer la logique de l'administration.

....
....
....
....
....
....

131

EXERCICE 5 **Une lettre administrative.**

1. Imaginez une en-tête, et placez-la à sa place officielle.
   Imaginez un/une correspondant(e) et donnez ses coordonnées à leurs places habituelles.
   Rappelez la référence du service qui s'occupe de cette affaire.
   Annoncez l'objet de la lettre et sa date.

2. Écrivez le terme d'adresse : Monsieur, Madame, Mademoiselle.

3. Rappelez la raison de votre lettre et résumez les circonstances préalables.

4. Rappelez les causes légales ou administratives.

5. Tirez les conséquences qui s'imposent étant données les causes préalables.

6. Concluez en utilisant la formule rituelle.

1. **En-tête :** le nom de votre société et sa raison sociale

2. **Correspondant(e) :** le/la destinataire de votre lettre.

3. **Formules officielles de rappel :**
   Suite à…

4. **Formules officielles des causes légales ou administratives :**
   – étant donné que…
   – par suite de…
   – de + nom, il ressort que…
   – comme/puisque/ …
   – vu que…
   – par suite de…

5. **Pour tirer les conséquences :**
   – par conséquent,
   – donc,
   – il s'ensuit que…
   – conséquemment…

6. **Conclusion :**
   Veuillez agréer…

140-141

EXERCICE 6 Tests.

	Ça me fait plaisir	Je trouve ça normal	Ça m'intéresse	Je trouve ça gênant	Ça m'est indifférent
• Comment réagissez-vous quand vous entendez parler une langue étrangère, dans la rue ou dans un lieu public ?	☐	☐	☐	☐	☐
• Comment réagissez-vous quand vous discutez avec un étranger qui parle votre langue avec beaucoup de difficultés ?	☐	☐	☐	☐	☐
• Comment réagissez-vous quand un étranger prononce très mal votre langue ?	☐	☐	☐	☐	☐
• Comment réagissez-vous quand vous rencontrez un compatriote qui n'a pas le même accent que vous ?	☐	☐	☐	☐	☐
• Comment réagissez-vous quand un compatriote n'a pas la même façon de parler que vous ?	☐	☐	☐	☐	☐
• Comment réagissez-vous quand un étranger (que vous ne connaissez pas) s'adresse à vous dans sa langue maternelle, dans la rue par exemple ?	☐	☐	☐	☐	☐

140-141

EXERCICE 7 Autre test.

Quel est l'accent étranger qui vous plaît le plus ?	
Quel est l'accent étranger qui vous plaît le moins ?	
Dans votre pays, quel est l'accent régional que vous préférez ?	
Dans votre pays, quel est l'accent régional que vous ne voudriez pas avoir ?	
Dans votre pays, avez-vous remarqué qu'il existe différentes façons de parler ?	
Pouvez-vous nommer différentes façons de parler dans votre société ?	
Quelle est la façon de parler que vous aimez le plus ?	
Quelle est la façon de parler que vous aimez le moins ?	
Pensez-vous que vous parlez comme tout le monde ?	
Pensez-vous que personne ne parle comme vous ?	
Quelle est la façon de parler que vous aimeriez imiter ?	

ENTRAÎNEMENT

118-119

EXERCICE 1 **Rétrospectives.**

Utilisez le plus-que-parfait ou le passé composé et l'imparfait.
Attention ! Le plus-que-parfait marque une antériorité par rapport aux deux autres temps…

1. Gilles .... une contravention parce qu'il n' .... pas .... de réservation.
- *avoir*
- *prendre*

2. Gilles .... une seconde contravention parce qu'il n' .... pas .... son billet.
- *recevoir*
- *composter*

3. Gilles .... par la police parce qu'il .... sans ses papiers d'identité.
- *arrêter*
- *sortir*

4. Il .... sans ses papiers d'identité parce que personne ne lui .... qu'en France c'................................. obligatoire.
- *sortir*
- *dire*
- *être*

5. Il .... auprès d'un passager du TGV parce qu'il .... beaucoup de problèmes à Paris.
- *se plaindre*
- *avoir*

6. Le passager, qui lui aussi .... à Montpellier, lui .... que tous ses problèmes .... simples. Et il lui .... qu'il .... des règlements sévères en France parce que beaucoup de clandestins .... s'y installer illégalement.
- *aller*
- *répondre*
- *être*
- *expliquer*
- *falloir*
- *venir*

7. Gilles lui .... qu'au Canada, il n'....................... jamais .... de problèmes avec la Police.
- *faire remarquer*
- *avoir*

8. Il ne .... jamais .... dans une rue au Canada.
- *se faire arrêter*

9. Mais, depuis qu'il .... en France, il .... que tout .... très différent.
- *arriver*
- *découvrir*
- *être*

10. Le voyageur qui l' .... lui .... que lui aussi .... beaucoup de problèmes avec l'administration et qu'il .... l'habitude de protester et il .... à Gilles de faire la même chose.
- *écouter*
- *raconter*
- *avoir*
- *prendre*
- *conseiller*

EXERCICE 2 **Prospectives.**

Utilisez le futur simple et le futur antérieur selon le cas.
Attention le futur antérieur indique que l'action se réalise avant l'action au futur simple.

1. Quand Gilles .... à Montpellier, il .... se plaindre auprès de la SNCF.
   - *descendre du train*
   - *aller*

2. Quand il .... son mécontentement à l'employé, celui-ci lui .... de remplir un formulaire.
   - *dire*
   - *demander*

3. Quand Gilles .... le formulaire, l'employé lui .... «Très bien, on vous écrira !»
   - *remplir*
   - *dire*

4. Quand Gilles .... aux Français, il .... les amendes qu'ils a eues.
   - *s'habituer*
   - *oublier*

5. Mais quand il .... au Canada, il .... en riant toutes ses aventures en France.
   - *retourner*
   - *raconter*

6. Quand Gilles .... que ses amis ne le croient pas, il les .... :
   - *comprendre*
   - *prévenir*

7. — Vous ...., quand vous .... comme moi quelques mois en France, vous me ....
   - *voir*
   - *vivre*
   - *croire*

8. Oui, quand vous .... par la police, vous ne .... pas ça drôle.
   - *se faire*
   - *trouver*

9. Quand vous .... deux ou trois contraventions, vous ...., vous aussi.
   - *recevoir*
   - *se plaindre*

10. Et quand vous .... pendant six heures pour obtenir un formulaire administratif, vous ....
    - *faire la queue*
    - *être énervé*

11. Mais quand vous .... quelques mois en France, vous .... comme moi, vous .... de toutes ces bizarreries administratives.
    - *se promener*
    - *faire arrêter*
    - *se moquer*

118-119

E X E R C I C E   3 **Des titres de Presse à sensation.**

Employez « pour » et l'infinitif passé de manière à indiquer la cause de ces délits.

1. Un cambrioleur arrêté .... à sa maman de la villa qu'il cambriolait !   • *téléphoner*

2. Un clandestin expulsé .... déclarer le vol de son portefeuille au commissariat !   • *aller*

3. Une femme condamnée .... son bébé seul, un soir de bal.   • *laisser*

4. Quatre jeunes gens jugés .... un concert de rap sous les fenêtres d'un magistrat.   • *improviser*

5. Un automobiliste distrait, écroué .... sur l'autoroute en sens interdit.   • *s'engager*

6. Trois clandestins interrogés par la police ....   • *s'introduire*
    et .... dans l'appartement d'une dame en vacances.   • *s'installer*

7. Hospitalisée .... un produit d'entretien : elle croyait que c'était de la bière.   • *boire*

8. Arrêtés .... à la sortie d'un bal public.   • *se battre*

118-119

E X E R C I C E   4 **Faits divers.**

Vous êtes journaliste, vous choisissez un des grands titres de la Presse à sensation (exercice 3) et vous rédigez un fait divers en imaginant les circonstances et en donnant des détails qui plaisent aux lecteurs (attention aux temps du passé et à l'expression de la cause).

118-119

E X E R C I C E   5 **Une question de logique.**

Complétez les phrases suivantes en employant la cause (parce que) ou l'opposition (pourtant). Vous êtes libre de décider mais respectez la logique, la syntaxe (affirmative ou négative) et les temps des verbes.

Exemple :   Gilles va payer une contravention **parce qu'**il n'a pas pris de réservation.
            Gilles va payer une contravention **pourtant** il a pris une réservation.

1. Il a eu une contravention .... il ....   • *prendre son billet*

....

2. Il s'est fâché contre le règlement .... il ...... • *être au courant*
   ....

3. Les voyageurs se plaignaient .... le contrô- • *être poli*
   leur ....

4. Les passagers étaient mécontents .... le • *être à l'heure*
   train ....

5. Gilles ne comprenait rien aux règlements .... • *connaître le pays*
   il ....

6. Il y a beaucoup de fraudes .... beaucoup de • *il y a*
   règlements.

7. Dans le TGV, les voyageurs se plaignent .... • *être parfait*
   le service ....

8. Le service dans le TGV est parfait .... les • *se plaindre*
   voyageurs ....

9. Gilles a pris le TGV .... la ligne aérienne • *fonctionner*
   Paris/Montpellier ....

10. Il retournera à Paris en avion .... il .... • *apprécier*
    .... le TGV.

118-119

EXERCICE 6 **Une seconde question de logique.**

Relevez dans l'exercice 5 les cas où vous avez décidé d'utiliser la cause (parce que) et transformez-les pour qu'elles expriment l'opposition (pourtant).

....
....
....
....
....

119

EXERCICE 7 **Bulletin météo.**

Employez «à cause de » ou « grâce à », selon les cas.

1. Demain matin, la circulation sur les routes sera facilitée .... beau
   temps.

2. Dans la soirée, méfiez-vous sur les routes .... brouillard !

3. Les températures vont se refroidir .... arrivée d'air froid venant des
   pays scandinaves.

4. Des orages sont attendus sur le centre de la France .... chaleur
   excessive.

5. .... anticyclone, les températures seront clémentes pour la saison.

6. .... avalanches sur les Alpes, les stations de ski seront fermées demain.

7. .... beau temps inattendu à cette saison, le printemps est en avance.

8. .... beau temps inattendu à cette saison, les agriculteurs s'inquiètent pour leurs légumes.

9. De nombreux accidents sur les routes sont à prévoir .... conditions de la météo.

10. .... orages, de nombreuses routes sont actuellement hors service dans le centre du pays.

134

E X E R C I C E 8 **Jeu de lexique.**

se proclamer	déclarer	adorer	se dire	parler

détenir	placer son argent	détester	dénigrer	se croire

faire une petite belote	passer en fraude	répugner	avoir du respect

s'adresser	être sous le charme	se retirer	se contenter	savoir recevoir

1. Regroupez ces verbes par classe de sens.

Les verbes du « dire »	Les verbes de l'« être » ou de l'« avoir » (état ou sentiment)	Les verbes du « faire »

2. Observez les verbes du « faire ». Que pensez-vous de quelqu'un dont la vie se résume à ces « faire » ?

....

3. Observez les verbes du « dire » et les verbes du « faire ». Laquelle de ces deux catégories montre une réelle activité ?

....

4. Observez les verbes de l'« être » ou de l'« avoir ». Quels sont les verbes de cette catégorie qui expriment soit une attitude positive, soit une attitude négative ?

attitude positive :   attitude négative :

....

....

....

....

....

134

EXERCICE 9 **Vive la différence !**

Dans le tableau suivant, inscrivez des verbes qui correspondent selon vous à votre caractère national.

Les verbes du « dire »	Les verbes de l'« être » ou de l'« avoir » (état ou sentiment)	Les verbes du « faire »

134

EXERCICE 10 **Comparaison facile.**

Comparez les Français, selon Daninos (tableau des verbes de l'exercice 8), et les ressortissants de votre pays (tableau que vous avez établi à l'exercice 9).

1. ....
   ....

2. ....
   ....

3. ....
   ....

4. ....
   ....

5. ....
   ....

- ... plus/moins/
  autant que...
  (verbe)

- aussi/plus/
  moins ... que
  (adjectif)

- alors que...

- tandis que...

- mais...

- comme...

- moins/plus/
  autant de... que
  (nom)

135

EXERCICE 11 **Savez-vous exprimer le regret ?**

Vous exprimez votre regret dans les situations suivantes.
Utilisez les expressions proposées. Variez les formes.

Exemple : **Dommage** que je ne **puisse** pas en faire autant, mademoiselle.

- *Quel dommage que...*
- *C'est dommage que...*
- *Regretter que...*
- *C'est regrettable que...*

1. Votre mère ne peut pas venir fêter votre anniversaire.

   ....

2. L'ami(e) que vous aviez invité(e) à venir passer des vacances chez vous ne peut pas venir car il/elle doit travailler pendant l'été pour se faire de l'argent de poche.

   ....

3. Les amis auxquels vous avez prêté votre voiture ne peuvent pas vous la rendre le jour prévu.

   ....

4. Le bureau des renseignements des Caisses de Sécurité Sociale est fermé et vous deviez obtenir une information urgente.

   ....

5. Un de vos amis vous invite le jour-même à une soirée.

   ....

137

E X E R C I C E 1 2 **Pour exprimer la cause.**

Pour exprimer la cause, transformez les verbes soulignés en propositions parti-cipiales (participe au passé).

Exemple : Aucun organisme **ne s'était donné la peine de** vérifier, Amélie a été rayée des listes.

Aucun organisme **ne s'étant donné la peine de** vérifier...

1. Le facteur n'avait pas sonné deux fois, il a cru qu'Amélie était morte !

....

2. Les volets étaient clos, le facteur a cru que la personne qui habitait dans cette maison était décédée !

....

3. Le facteur n'a fait aucune vérification, il a apposé la mention «décédée» sur les lettres d'Amélie Magne.

....

4. Comme il s'était trompé, il avoua son erreur.

....

5. Le décès avait été enregistré par les banques, Amélie ne pouvait plus toucher sa pension.

....

6. Les gens ne voulaient pas croire Amélie, elle a dû «remuer ciel et terre» pour prouver sa résurrection !

....

7. Deux mois plus tard, les PTT ont reconnu leur erreur ; Amélie a pu toucher sa pension !

....

135

E X E R C I C E 1 3 **Des conseils sarcastiques.**

Voici quelques conseils que Gilles envoie à ses amis québécois.

Complétez-les en utilisant « avant de + inf. » ou « avant que + subj. » selon les cas.

1. D'abord, n'oubliez jamais de composter votre billet ....   • *monter*
.... dans le train. Ça pourrait vous coûter très cher.

2. .... dans la rue, vérifiez bien que vous avez   • *sortir*
votre passeport sur vous ! Ici, il faut avoir ses papiers d'iden-tité sur soi !

3. Si vous téléphonez à une administration, il faudra un certain temps .... vous .... le bon service.

• *avoir / obtenir*

4. Si vous désirez voir un haut fonctionnaire en début d'après-midi, prenez votre journal ou du courrier à faire .... il .... vous recevoir ! Ici, on fait attendre les gens !

• *pouvoir*

5. Si vous écrivez à une administration, n'attendez pas de réponse immédiate ! Il faudra probablement un ou deux mois .... on .... à votre lettre ! Les gens ne sont pas pressés ici !

• *répondre*

6. Si vous avez besoin d'un renseignement pour voyager, télé-phonez au service de renseignement de la SNCF . Mais vous devrez attendre longtemps .... l'opératrice vous .... ! Les services de ren-seignement sont toujours occupés !

• *renseigner*

7. Au restaurant, soyez patient ! Vous aurez le temps de lire votre journal .... le serveur .... votre commande.

• *prendre*

8. Si vous n'avez pas l'accent français, vous serez obligé de répéter plusieurs fois la même chose ....

• *être compris*

9. Les Français sont plutôt réservés. Alors il vous faudra de la patience .... ils .... vos amis.

• *devenir*

130

EXERCICE 14 **Communication téléphonique difficile.**

La personne qui appelle la Bibliothèque Nationale est très énervée par l'incompétence de l'opératrice.

- Jusqu'à ce que...
- En attendant que...
- Attendre que ...
\} + subj.

Complétez ses phrases en utilisant les expressions proposées.

1. — Allo, madame, oui, je resterai en ligne ....
....

• *obtenir satisfaction*

2. — .... que vos services ....

• *répondre à ma demande*

3. — .... que vous .... la per-sonne responsable des devis, je vérifie la date d'émission de la lettre.

• *trouver*

4. — Mais, madame, je ne peux pas .... que   • *passer*

    vous me .... tous les services de la BN !

5. — Je vous en prie .... que vous ....   • *chercher*

    dans vos dossiers parce que j'ai absolument besoin de

    votre devis aujourd'hui.

6. — Je suis désolée, madame, mais ....   • *informer*

    le responsable des micro-films m'.............................

    exactement de la situation !

EXERCICE 15 **Collocations.**

Trouvez les mots qui vont ensemble et faites des phrases.

Verbes	*Noms*
tirer de	*la perfection*
comporter	*le mensonge*
viser	*le peuple*
répugner à	*l'idée*
s'adresser à	*le tableau*
échanger	*la réussite*
vérifier	*le courage*
contempler	*l'information*
exiger	*l'encyclopédie*
	des régions
	une unité

EXERCICE 16 **Variations sur un thème syntaxique.**

On pourrait croire qu'un Français, n'étant pas mort, vit.

• Puisque ....

• Si ....

Aucun organisme ne s'étant donné la peine de vérifier son décès, ses dossiers avaient été classés.

• On avait classé ....

• Puisque ....

Au Moyen Âge, le Languedoc a créé une civilisation originale grâce à l'influence des Croisades qui ont ouvert ce pays à la Méditerranée.

• Les Croisades ....

• C'est à cause des Croisades ....

• L'ouverture ....

EXERCICE 17 **Variations sur un thème sémantique.**

Le thème	*Adjectifs*	*Noms*	*Verbes*
• *la jeune fille*	*épanoui*	*la robe*	*fleurir*
• *le jardinier*	*fané*	*le jardin*	*cueillir*
• *la rose*	*parfumé*	*la vie*	*donner*
	blanc(che)	*l'avenir*	*vieillir*
	éternel	*la jeunesse*	*attendre*
	mort	*la beauté*	*durer*
		le diable	

1. **Associez les mots du thème à des adjectifs, des noms ou des verbes.**
2. **Faites des phrases.**
3. **Composez un texte.**

EXERCICE 18 **Rimes.**

1. **Faites rimer les mots suivants.**

vermeille	*neuve*
orange	*cruel*
fleuve	*merveille*
jardin	*étrange*
éternel	*amour*
retour	*sapin*

2. **Trouvez des rimes pour les mots suivants :**

sommeil : ....

séjour : ....

sagesse : ....

beauté : ....

échange : ....

absence : ....

3. **Choisissez des mots qui riment et faites un court poème.**

....

....

....

....

....

....

....

....

....

137

Aspects de la langue.

Le Major Thomson.

● **Encore des verbes pronominaux.**

On en trouve beaucoup dans la langue française. Leur fonctionnement est assez varié.

• *« Ils se proclament républicains, ils **se disent** modestes et **se croiraient** ridicules... »*

Ces verbes pronominaux sont suivis d'un adjectif (républicain, modeste, ridicule) et renvoient à l'acte de dire ou de penser (proclamer, dire, croire).
Dans ce type de construction, la forme pronominale est une manière synthétique d'intégrer une proposition complétive commençant par *que*.

Le sens est :
Ils proclament qu'ils sont républicains.
Ils disent qu'ils sont modestes.
Ils croiraient qu'ils sont ridicules.

● **Encore un peu de subjonctif.**

• *« Il va être promené... **jusqu'à ce qu'**il **apprenne** que... »*

Les conjonctions temporelles *avant que* ou *jusqu'à ce que* sont suivies du subjonctif, puisqu'elles introduisent une action non encore réalisée.

Dommage que *je ne **puisse** pas...*

Puisse est le subjonctif du verbe *pouvoir*.
Ici le subjonctif est utilisé parce que l'expression *dommage que* signifie le regret, le sentiment de ne pouvoir réaliser l'action. Même principe que ci-dessus : action non réalisée.

Notez le passé simple : *répondit* vient de *répondre*.

Répondre		Dire	
je	répondis	je	dis
il/elle	répondit	il/elle	dit
ils/elles	répondirent	ils/elles	dirent

Le cachet de la poste.

● Le conditionnel passé.

• *« Le facteur **aurait dû** sonner deux fois. »*

Le conditionnel passé est formé de l'auxiliaire *avoir* ou *être* au conditionnel présent, suivi d'un participe passé. Ici *dû* est le participe passé du verbe *devoir*.
Ce temps signifie qu'une action passée n'a pas eu lieu, ou qu'une idée qu'on a eue dans le passé est fausse.
Ici : Le facteur aurait dû sonner deux fois (mais il n'a pas sonné).

a. Emploi avec les verbes modaux :

devoir   : Elle **aurait dû** y aller (mais elle n'y est pas allée).

vouloir : Nous **aurions voulu voir** ce film (mais nous ne l'avons pas vu).

pouvoir : Tu **aurais pu** l'aider (mais tu ne l'as pas fait).

croire   : J'**aurais cru** que c'était possible (mais je sais maintenant que c'est impossible).

aimer   : J'**aurais aimé** faire ce voyage (mais je ne l'ai pas fait)

penser : J'**aurais pensé** qu'il était plus vieux (mais je sais qu'il n'est pas si vieux).

Avec les verbes ci-dessus, le conditionnel passé peut s'employer dans une proposition indépendante.

b. Avec les autres verbes, il s'emploie avec une subordonnée conditionnelle au plus-que-parfait :

Conditionnel passé	Plus-que-parfait
J'aurais compris la situation	si on me l'avait expliquée.
Il aurait été blessé	s'il n'avait pas mis sa ceinture de sécurité.
Je serais allé à cette réunion	si j'avais eu le temps.
Elle aurait réussi	si elle avait travaillé davantage.

Rappelez-vous les autres formes du verbe *devoir* :

présent : je dois partir.   conditionnel présent : je devrais…
imparfait : je devais y aller   conditionnel passé : j'aurais dû…
passé composé : j'ai dû y aller.

● La proposition participiale (proposition où le verbe est un participe).

Emploi au présent :
Sachant qu'il viendrait, j'ai préparé une fête.

Cette proposition indique un rapport de cause à effet :
Comme [parce que] je savais qu'il viendrait, j'ai préparé…

Emploi au passé :
*Aucun organisme **ne s'étant donné** la peine de vérifier son décès, ses dossiers avaient été classés.*

La proposition participiale au passé est conjuguée avec l'auxiliaire *avoir* ou *être* au participe présent, invariable, suivi d'un participe passé qui s'accorde avec le sujet dans le cas de l'auxiliaire *être* et avec le complément d'objet direct s'il est placé avant dans le cas de l'auxiliaire *avoir*.

> auxiliaire *avoir* : *N'**ayant** pas **obtenu** son visa, elle est restée dans son pays.*

> auxiliaire *être* : ***Étant occupée** à la cave, elle n'a pas entendu les voleurs entrer.*

● **Lequel, laquelle, lesquels, lesquelles.**

Ces mots peuvent être employés comme pronoms relatifs ou pronoms interrogatifs.

> • *« Jusqu'en juin, date **à laquelle** elle devrait toucher sa pension ! »*

Pronoms relatifs : ils peuvent être utilisés, assez rarement, comme variantes du pronom *qui*, dans une proposition relative mise en apposition :
J'ai rencontré un homme inconnu **qui** m'a adressé la parole.
ou
J'ai rencontré un homme inconnu, **lequel** m'a adressé la parole.

Employés avec une préposition, ils sont précédés du nom qu'ils reprennent :
C'est la date **à laquelle** je dois partir.
Ce sont les amis **avec lesquels** je suis allé en vacances.
La femme **pour laquelle** il s'est ruiné.

N.B. : 1. Le pronom relatif *qui*, précédé d'une préposition, ne peut renvoyer qu'à un nom d'être animé (personne ou animal).
2. Au lieu d'employer [*de + lequel*] c'est-à-dire *duquel, de laquelle, desquels, desquelles*, on préfère utiliser *dont* qui reste invariable : *Les gens **dont** je t'ai parlé. Les jeunes filles **dont** elle s'occupe.*

Pronoms interrogatifs : l'emploi de ces mots comme pronoms interrogatifs est très fréquent.

> • *Parmi ces photos, **laquelle** préfères-tu ? **Lesquelles** as-tu choisies ?*

● **Le subjonctif.**

> • *« **Elle s'étonne qu'**un simple tampon **puisse** enterrer aussi vite des gens. »*

Ici le subjonctif *puisse* dépend du verbe *s'étonner*, c'est-à-dire *être surpris*. Comme précédemment, il exprime une virtualité, une possibilité.
Ici cette possibilité paraît improbable au locuteur : il s'étonne.

Avez-vous repéré les passés simples ?

faire	→	fit
apposer	→	apposa
être	→	fut
guetter	→	guetta
expliquer	→	expliqua
avouer	→	avoua

POUR COMMUNIQUER

 **EXERCICE 1** **Amorces.**

Écoutez les amorces et essayez de découvrir les circonstances des situations de communication.

	Où se passe la situation	Qui parle ?	À qui ?	À propos de quoi ?
1.				
2.				
3.				
4.				
5.				
6.				
7.				
8.				

EXERCICE 2 **Pour comparer et apprécier des situations.**

Écoutez les amorces et relevez les marques de la comparaison et de l'appréciation.

1. ....   5. ....

2. ....   6. ....

3. ....   7. ....

4. ....   8. ....

163

EXERCICE 3 Pour faire l'éloge de votre idole !

Relisez les textes de l'itinéraire bis (Delphine Seyrig).
Choisissez votre propre idole du cinéma ou d'un autre domaine (politique, sciences, musique, etc.). Rédigez l'éloge de cette personne.

....

....

....

....

....

....

....

....

- c'est un/une... dont le/la les... + verbe
- du plus loin que je me souvienne, ...
- ce qui m'a tout de suite..., c'était...
- comment dire l'impression de... que j'ai ressenti(e)
- faire rêver
- faire vivre

162-163

EXERCICE 4 Palmarès.

Voici les personnalités les plus aimées des Français.

1	Le commandant Cousteau	6	Philippe Noiret
2	L'abbé Pierre	7	Le professeur Schwartzenberg
3	Haroun Tazieff	8	Patrick Sébastien
4	Jean-Paul Belmondo	9	François Mitterrand
5	Anne Sinclair	10	Michel Drucker

Le Journal du Dimanche, 20 avril 1990.

Faites le palmarès de votre choix (vos professeurs, vos chanteurs, vos amis).

172-173

EXERCICE 5 Quelques réflexions.

Dans la société, il y a des positions hautes et des positions basses.

La différence entre les rôles des uns et des autres est généralement assez marquée. Mais périodiquement, à l'occasion d'une fête ou d'une petite cérémonie, les différences sont effacées : celui qui avait la position basse occupe, pendant quelques instants, la position haute ou croit l'occuper.

Cherchez en petits groupes le type de « fête » ou de « cérémonie » qui efface de temps en temps la différence entre :

1. parents/enfants ....

....

2. patron/ouvriers ....

....

3. professeurs/élèves ....

....

4. mari/femme ....

....

5. hommes/femmes ....

....

6. personnages médiatiques/téléspectateurs ou spectateurs ....

....

7. écrivains/lecteurs ....

....

8. héros national/citoyens ordinaires ....

....

172-173

EXERCICE 6 **À quoi servent les cérémonies suivantes?**

1. Fête des mères ....

....

2. Anniversaire d'un enfant ....

....

3. Anniversaire de mariage ....

....

4. Distribution des prix, à l'école ....

....

5. Décoration des militaires ....

....

6. Décoration, type « légion d'honneur » ....

....

7. Prix littéraire ....

....

8. Invitation à l'ambassade ....

....

9. Offre d'un beau bouquet de fleurs ....

....

10. Invitation sur un plateau de télévision ....

....

ENTRAÎNEMENT

144-145

EXERCICE 1 Savoir apprécier et comparer.

D'après la situation, établissez des comparaisons sur les thèmes suivants :

1. Pour Éric, les grands sportifs sont intéressants. Comment les compare-t-il aux hommes politiques ?

....

- plus... que
- moins... que
- aussi... que

2. Actuellement, les jeunes Français ne semblent pas orientés vers la politique. Ce n'était pas le cas pour la génération précédente, n'est-ce pas ?

....

3. Les gens qui s'occupent des grandes causes sociales sont importants. Mais comment les comparez-vous aux hommes politiques ou aux grands sportifs ?

....

4. On dirait que Carmen est assez politisée. Achille aussi. Qu'en pensez-vous ?

....

5. Trouvez-vous qu'Éric est très politisé ? Comparez-le à ses amis Carmen et Achille.

....

144-145

EXERCICE 2 À la sortie du concert.

Établissez des comparaisons.

Ce que vous voulez actuellement,

- plus de... que de
- moins de... que de
- autant de... que de

1. c'est .... actions .... discours.

2. c'est .... temps libre .... travail.

3. c'est .... sports .... études.

4. c'est .... démocratie .... compétition scolaire.

5. c'est .... voyages .... télévision.

6. c'est .... théorie .... pratique.

144-145

EXERCICE 3 **Donnez votre appréciation.**

Comparez les jeunes Français aux Jeunes de votre pays sur les thèmes suivants :

1. agir

....

2. parler

....

■ moins que
■ plus que
■ autant que

3. dépenser

....

4. voyager

....

5. consommer

....

6. s'informer

....

7. participer à la vie du pays

....

8. se passionner pour la politique

....

EXERCICE 4 Les uns et les autres.

Sondage SOFRA

	oui	non	âge
• Admirez-vous l'œuvre du général de Gaulle ?	60 %	40 %	18-25 ans
	60 %	40 %	25-35 ans
	60 %	40 %	35-45 ans

	oui	non	âge
• Savez-vous exactement ce que le général de Gaulle a fait pour la France ?	30 %	70 %	18-25 ans
	40 %	60 %	25-35 ans
	80 %	20 %	35-45 ans

	oui	non	âge
• Êtes-vous intéressés par la politique intérieure actuelle ?	20 %	80 %	18-25 ans
	30 %	70 %	25-35 ans
	60 %	40 %	35-45 ans

	30mn	60mn	90mn	âge
• Combien de temps consacrez-vous par jour à l'écoute ou à la lecture des informations politiques ?	60 %			18-25 ans
		80 %		25-35 ans
			90 %	35-45 ans

	30mn	60mn	90mn	âge
• Combien de temps consacrez-vous par semaine aux émissions sportives ?			70 %	18-25 ans
		60 %		25-35 ans
	40 %			35-45 ans

	oui	non	âge
• Est-ce que la musique vous distrait plus que le sport ?	78 %	22 %	18-25 ans
	52 %	48 %	25-35 ans
	25 %	75 %	35-45 ans

	oui	non	âge
• Est-ce que les émissions politiques vous intéressent plus que le sport ou la musique ?	3 %	92 %	18-25 ans
	20 %	80 %	25-35 ans
	40 %	60 %	35-45 ans

	oui	non	âge
• Pour vous, les hommes politiques actuels sont-ils aussi compétents que ceux d'autrefois ?	70 %	30 %	18-25 ans
	60 %	40 %	25-35 ans
	44 %	56 %	35-45 ans

	oui	non	âge
• Êtes-vous satisfaits de votre gouvernement actuel ?	50 %	50 %	18-25 ans
	50 %	50 %	25-35 ans
	50 %	50 %	35-45 ans

Complétez cet article en vous servant des résultats du sondage ci-dessus pour faire des comparaisons.

1. Selon un sondage SOFRA, il y aurait autant de jeunes que de vieux qui admireraient l'œuvre du général de Gaulle. Cependant, ... jeunes savent exactement ce que le général a fait pour la France, tandis que tous les vieux connaissent .... bien ses victoires .... ses défaites.

- plus
- moins
- autant
- aussi
- mieux... que

2. Alors que les très jeunes sont .... intéressés par la politique actuelle, les .... jeunes, c'est-à-dire les .... vieux, passent toujours .... temps à lire ou à écouter les informations politiques du jour.

3. Les jeunes, eux, aiment .... regarder un match de foot .... écouter un débat politique télévisé. Au fond, la politique les ennuie .... les spectacles. Et parmi les spectacles, la musique les distrait .... le sport.

4. Si l'ensemble des jeunes Français se passionnent .... autrefois pour les émissions politiques, il existe encore 40 % de Français qui affirment s'intéresser .... à la politique .... au sport et au cinéma mais aucun ne dit aujourd'hui que la politique le préoccupe .... autrefois, quand la vie politique était encore au premier rang des intérêts de tous.

5. Quand on demande aux Français ce qu'ils pensent de leur gouvernement actuel, la majorité d'entre eux estiment que les hommes politiques d'aujourd'hui sont .... compétents .... ceux d'hier. Mais certains trouvent que, d'une génération à l'autre, les hommes politiques sont .... incompétents les uns .... les autres.

6. En général, les Français se plaignent .... autrefois. Comme d'habitude, les sondages révèlent qu'il y a .... Français mécontents .... Français satisfaits de leur gouvernement.
.... ça change et .... c'est la même chose.

162

EXERCICE 5 **Vos coups de cœur.**

Pour exprimer l'intensité de vos sentiments sur les thèmes suivants, utilisez les formes verbales qui vous sont proposées (attention aux constructions ! Variez les formes).

1. Votre grand homme politique.

....

- être fasciné(e) par...
  fasciner

2. Votre héros national.

....

- être passionné(e) par...
  se passionner pour...
  passionner

3. Votre sportif favori.

....

- être impressionné(e) par...
  impressionner

- être touché(e) par...
  toucher

4. Votre acteur/actrice idéal(e).

....

- être bouleversé(e) par...
  bouleverser

5. Les lois sociales actuelles.

....

6. L'action des syndicats.

....

7. La richesse des uns, la pauvreté des autres.

....

8. Le dernier film que vous avez vu.

....

9. La musique militaire.

....

10. Le dernier discours politique que vous avez écouté.

....

- être déçu(e) par... décevoir
- être révolté(e) par... révolter
- être écœuré(e) par... écœurer

162

EXERCICE 6 **À propos de grands hommes et de grandes œuvres.**

Les grands hommes et les grandes œuvres qui vous sont proposés sont mondialement connus.

Appréciez-les en utilisant soit le superlatif absolu (« le/la plus... ») soit le superlatif relatif (« un/une des plus... ») :

1. *La victoire de Samothrace*

....

2. Aristote

....

3. *Les demoiselles d'Avignon*

....

4. Einstein

....

5. *La Joconde* (Mona Lisa)

....

6. Van Gogh

....

7. Victor Hugo

....

- *peintre*
- *savant(e)*
- *peinture*
- *philosophe*
- *poème*
- *écrivain*
- *poète*
- *tableau*
- *statue*
- *œuvre*
- *magnifique*
- *superbe*
- *grand(e)*
- *splendide*
- *célèbre*
- *connu(e)*
- *admiré(e)*
- *merveilleux(se)*

E X E R C I C E   7 **Découvrez la règle !**

Observez les énoncés suivants.

1. C'est **gentil** de dire ça.
2. Je trouve ça **gentil** que tu comprennes mes problèmes !
3. C'est **impressionnant** de voir un grand homme !
4. On trouve **impressionnant** qu'il soit devenu si célèbre !
5. C'est **étonnant** que vous n'ayez pas fait un plus grand monument !
6. C'est **étonnant** de vouloir faire un monument pour cet homme !
7. Moi, je trouve ça **bizarre** que vous vouliez construire un monument ici !
8. C'est **drôle** que personne ne connaisse les œuvres de ce poète !
9. C'est **drôle** de répéter cent fois la même chose !
10. C'est **drôle** que tu aies encore répété la même chose !

1. Qu'est-ce que les adjectifs en gras ont en commun ? Qu'est-ce qu'ils expriment ?
   ....

2. Quelles constructions suivent ces adjectifs ?
   ....
   ....

3. Relevez les phrases du tableau qui vous semblent avoir un sens très général (pour tout le monde).
   ....
   ....
   ....
   ....

4. Relevez les phrases du tableau qui vous semblent avoir un sens très particulier (pour une ou des personnes bien précises).
   ....
   ....
   ....
   ....
   ....
   ....

5. Pouvez-vous maintenant proposer une règle de fonctionnement pour ces adjectifs ?
   ....
   ....

EXERCICE 8 Un homme bien informé en vaut deux.

Réagissez en demandant un peu plus d'information.
Utilisez « tout ce que », « tout ce qui », « tout ce dont ».

Exemple : — Éric a téléphoné, il te **dit** bonjour.
— C'est **tout ce qu'**il a dit ?
— Il n'**a** rien **dit** d'autre.

1. — Ce soir, **il y a** un documentaire à la télévision.
— .... ?
— **Il y a** aussi des variétés, je crois.

2. — Les documentaires historiques **comptent** beaucoup pour moi.
— .... ?
— Non, la musique **compte** aussi pour moi !

3. — Achille Dumiel **s'occupe de** l'opinion française sur le général de Gaulle.
— .... ?
— Non, je crois qu'il **s'occupe** aussi **du** comportement des Français pendant la guerre mondiale.

4. — La vie des grands sportifs m'**intéresse** beaucoup.
— .... ?
— Non, la vie des hommes illustres m'**intéresse** aussi.

5. — J'ai **besoin de** ton encyclopédie.
— .... ?
— Eh bien, j'aurais aussi **besoin des** *Mémoires du Général*.

6. — Jeudi prochain, je **parlerai des** *Mémoires de de Gaulle*, à la fac.
— ....
— Mais c'est énorme ! Il y a au moins trois volumes, je ne **parlerai** que **du** premier volume, ce jour là.

163

E X E R C I C E   9 **Éloges.**

Exemple :   • Delphine Seyrig ?
                • C'est une femme **dont** la voix m'enchantait !
                • Oui, tout le monde aimait la voix **de cette femme** !

Sur ce modèle, faites des éloges de :

1. la beauté

   • ....

   • C'est une actrice ....

   • Oui ....

2. l'intelligence

   • ....

   • C'est un homme ....

   • Oui ....

3. l'humour

   • ....

   • C'est un acteur ....

   • Oui ....

4. la rapidité

   • ....

   • C'est un sportif..

   • Oui ....

5. la générosité

   • ....

   • C'est un homme ....

   • Oui ....

• *fasciner*
• *admirer*
• *étonner*
• *enchanter*
• *passionner*
• *impressionner*

164

E X E R C I C E   1 0 **Le temps passé.**

Relisez l'histoire du roi Clovis. Relevez les passés simples de ce texte.

	passé simple	infinitif du verbe	passé composé du verbe
1.	....	....	....
2.	....	....	....
3.	....	....	....
4.	....	....	....
5.	....	....	....

E X E R C I C E 1 1 **Jeu lexical.**

a. Regroupez les mots suivants selon qu'ils appartiennent de préférence au domaine de l'histoire ou au domaine de la géographie. Pouvez-vous trouver une catégorie mixte ?

à l'époque des grandes invasions   massif montagneux

rivière   une partie du territoire   occuper

battre   couler   délivrer

nation   le roi   s'emparer   royaume

le pays   la région   la monarchie

border

collines   plateau   guerre   frontière

grandes batailles   province

patriotisme   diviser

domaine de l'histoire	domaine mixte	domaine de la géographie
....	....	....
....	....	....
....	....	....
....	....	....
....	....	....
....	....	....
....	....	....
....	....	....
....	....	....
....	....	....
....	....	....
....	....	....
....	....	....

b. Trouvez dans la liste « domaine de l'histoire » :

deux mots qui évoquent le mot « roi » :

....

....

deux mots qui évoquent l'idée de « guerre » :

....

....

deux mots qui évoquent la « patrie » :

....

....

un mot qui évoque « occuper » :

....

un mot qui évoque le contraire d'« occuper » :

....

164-165

EXERCICE 12 **Test de civilisation.**

Voici des verbes que vous avez rencontrés dans les pages de Civilisation sur la Champagne-Ardenne :

occuper		border
	diviser	sculpter
	délivrer	célébrer

Essayez de réemployer ces verbes dans l'exercice suivant.

Utilisez la voix passive :

1. Au Moyen Âge, la France .... entre plusieurs royaumes.

2. Orléans, au XVe siècle .... les Anglais.

3. La ville d'Orléans .... Jeanne d'Arc en 1429.

4. La rivière Meuse .... Péguy dans son poème *Jeanne d'Arc* (1897).

5. L'Ange au sourire .... au XIIIe siècle .... des sculpteurs actuellement inconnus.

6. La Province Champagne-Ardennes .... le massif montagneux des Vosges.

EXERCICE 13 « Avec le temps... ».

Exemple :
A	B
l'âge m'envahit	la nature me devient plus proche

« **À mesure que** l'âge m'envahit, la nature me devient plus proche ».
Plus l'âge m'envahit **plus** la nature me devient plus proche.

Mettez en relation les éléments suivants en utilisant les expressions proposées.

- à mesure que...
- plus... plus...

A	B
cet arbre vieillit	il devient sec
le temps passe	ce malade s'affaiblit
la végétation croît	le jardin embellit
cet homme avance en âge	il gagne en sagesse
cet enfant grandit	il devient travailleur
je discute avec cet ami	je le trouve intéressant
j'écoute cette symphonie	elle me plaît

170

EXERCICE 14 Une victoire collective.

Transformez les phrases suivantes en utilisant les expressions de la mise en relation.

Exemple : « Une souffrance d'autant plus forte que l'altitude est élevée ».

- d'autant plus
  + adj. + que...
- d'autant plus de
  + nom + que...
- ...d'autant plus
  que...

1. Les hommes semblent **petits** parce qu'ils sont au pied du géant himalayen.

....

2. L'escalade du Shisha Pangma est **difficile** car à 7300 mètres l'oxygène est rare.

....

3. La fatigue est **grande** parce que l'altitude est élevée.

....

4. Les himalayistes ont **du courage** car ils s'exposent à de grands dangers.

....

5. Arrivés au sommet, les membres de l'équipe sont heureux d'avoir réussi **parce qu'ils sont les premiers hommes à avoir accompli cet exploit.**

....

E X E R C I C E 1 5 **Savez-vous exprimer une opposition ?**

**Transformez les phrases suivantes pour marquer l'opposition ou la conces-
sion avec les conjonctions « quoique », « bien que » :**

Exemple :   « Chef de famille » n'a pas de féminin **pourtant**
beaucoup de femmes ont, seules, la responsabi-
lité de leurs enfants.
« Chef de famille » n'a pas de féminin **quoique**
beaucoup de femmes **aient**, seules, la responsabilité de leurs enfants.

- quoique...
- bien que... } + Subj.

1. Beaucoup de femmes sont médecins, pourtant il n'y a pas de mot féminin pour les
nommer.

....

2. À qualification égale, la femme travaille autant que l'homme et pourtant, souvent, elle
gagne moins que son collègue masculin.

....

3. Les hommes français sont très galants avec les femmes et pourtant certains leur interdisent de porter leur nom en cas de divorce.

....

4. La femme française est l'objet d'une attention très respectueuse et pourtant les
hommes ont la première place dans la société.

....

5. « Madame la directrice » est un terme qui existe et pourtant il a moins de poids que
« Madame le directeur ».

....

E X E R C I C E 1 6 **Collocations.**

Trouvez les mots qui vont ensemble et faites des phrases.

Verbes	*Noms*	
s'emparer de	*le destin*	*la flamme*
subir	*la proie*	*la souris*
fixer	*la ligne d'horizon*	*la défaite*
s'éteindre	*l'énergie*	*la clé*
s'accomplir	*les soldats*	*la souffrance*
guetter	*le rêve*	*un exploit*
mobiliser	*un point*	*un pays*
maîtriser		
réaliser		

EXERCICE 17 **Variations sur un thème syntaxique.**

Clovis s'empara de la Champagne qui devint ainsi le berceau de la monarchie franque.
- Après la conquête de ....
- La Champagne ....

Il se convertit au catholicisme et c'est ainsi que la France fut appelée la Fille aînée de l'Église
- À la suite de ....
- Le nom de « Fille aînée de l'Église » ....

Plus dur que l'océan, plus inaccessible que les déserts, plus dangereux que la banquise, il y a l'Himalaya et ses sommets de 8000 mètres.
- L'océan, les déserts, la banquise sont ....
- Traverser l'océan ....

Nous éprouvons une souffrance d'autant plus forte que l'altitude est élevée.
- Plus ....
- La souffrance augmente ....
- Au fur et à mesure ....

EXERCICE 18 **Variations sur un thème sémantique.**

Le thème	*Adjectifs*	*Noms*	*Verbes*
• *l'abeille*	*doré*	*le soleil*	*vibrer*
• *la ruche*	*brûlant*	*la lumière*	*bourdonner*
• *l'été*	*absurde*	*l'azur*	*voler*
	clair	*la mousse*	*piquer*
	rousse	*le miel*	*danser*
	insensé	*les mots*	*briller*
			dormir

1. Associez les mots du thème à des adjectifs, des noms ou des verbes.

2. Faites des phrases.

3. Composez un texte.

EXERCICE 19 **Rimes.**

1. Faites rimer les mots suivants.

gloire	*passion*
nation	*vouloir*
ambition	*mort*
souffrance	*obsession*
effort	*travail*
bataille	*dépendance*

2. Trouvez des rimes pour les mots suivants :

croire : ....

mot : ....

lumière : ....

ruche : ....

azur : ....

différence : ....

3. Choisissez des mots qui riment et faites un court poème.

....

....

....

....

....

....

....

....

....

Aspects de la langue.

De Gaulle, homme d'action.

● **Observez l'argumentation dans l'Appel du 18 juin.**

1. Série de phrases qui énoncent les faits pour aboutir à la décision de cesser le combat.

2. *Certes* introduit une reconnaissance partielle de la situation : on admet une des causes de la décision d'armistice, nous sommes submergés par la force.

3. *Mais* introduit la contestation de la décision sous forme d'une question rhétorique (question + réponse) : la défaite est-elle définitive ? Non !

4. *Croyez-moi* introduit l'affirmation principale de l'argumentation : les moyens qui nous ont vaincus peuvent nous apporter la victoire.

5. *Car* introduit les arguments qui justifient l'affirmation :
   argument 1 : la France n'est pas seule.
   argument 2 : les ressources des États-Unis sont grandes.
   argument 3 : la guerre est mondiale, tous les pays réunis auront une force supérieure.

6. En conclusion, appel à l'action : « J'invite les officiers et les soldats… à se mettre en rapport avec moi. »

En résumé, nous avons le schéma suivant :

Les faits	*Certes*	*Mais*	*Croyez-moi*	*Car*	Conclusion
La décision de cesser le combat	Reconnaissance d'une des causes de la décision	Objection	Affirmation principale	Justification de l'affirmation	Appel à l'action

De Gaulle, homme de rêve.

● **L'expression de la mise en relation d'états ou d'actions.**

   • « *À mesure que* l'âge m'envahit, la nature me devient **plus** proche. »

On pourrait dire aussi :
   Plus je vieillis, **plus** la nature me devient proche.

On pourrait dire aussi, mais de manière négative :
   Moins je mange, **moins** j'ai d'appétit.

ou de manière opposée :
   Plus j'avance dans la hiérarchie, **moins** j'ai d'amis.

Proverbe : « *Plus on est de fous, plus on rit.* » (Dans un groupe de personne, plus on est nombreux, plus on s'amuse).

● La comparaison suivie d'un nom.

> • « *En quatre saisons qui sont **autant de** leçons.* » : Il y a autant de leçons qu'il y a de saisons.

autant de s'emploie avec un nom.
> J'ai **autant** d'amis que vous, mais pas **autant d'**argent.

autant que s'emploie avec un verbe.
> Il travaille **autant que** moi.

Rappel : *aussi* s'emploie avec un adjectif :
> Elle est **aussi** blonde que toi.

● Le subjonctif passé.

> • « Quoi qu'il *ait pu* arriver, je suis au commencement. »

Au passé, le subjonctif se conjugue avec l'auxiliaire *être* ou *avoir* au subjonctif suivi du participe passé :
> C'est étrange qu'il **ait dit** cela.
> Je suis content qu'il **soit venu**.

● L'intensité.

> • « *Voyez **comme** je suis belle encore !* »

L'intensité peut s'exprimer avec *très* :
> Je suis **très** belle.
> Le temps passe **très** vite.

ou de manière plus marquée avec la conjonction *comme* :
> **Comme** elle est belle !
> **Comme** le temps passe !

● Un procédé de mise en valeur du sujet ou thème.

> • « ***Me voici** stérile et glacée.* » : Je suis devenue stérile et glacée.

Autre exemple :
> **Te voici** bien ennuyée : Tu es bien ennuyée.

● Les adjectifs suivis de prépositions.

Les adjectifs peuvent être suivis d'un complément (nom ou verbe) et dans ce cas, les prépositions qui introduisent ce complément sont le plus souvent *de* et *à* et parfois *par* si c'est un complément d'agent :

de	**par**	**à**
raboté de pluies	rongé par les âges	prête à produire
épuisé de végétation	redressée par le génie	
accablée d'histoire		
meurtrie de guerres		
détaché des entreprises		
las de guetter		

N.B. : Les adjectifs *raboté, épuisé, accablé, meurtrie* sont des passifs. On pourrait utiliser la préposition *par* qui introduit l'agent : raboté par les pluies, épuisé par la végétation, accablé par l'histoire, meurtri par les guerres. Mais cet emploi introduirait une vision plus concrète de l'action : l'histoire a accablé la France, les pluies ont raboté la terre, etc. En choisissant la préposition *de*, de Gaulle donne une vision plus descriptive, il dessine un tableau.

Tous ensemble au sommet des 8000.

● **L'emploi du pronom relatif *dont*** (cf. Votre grammaire p. 157 et Aspects de la langue, unité 6).

> • « *Il a gravi cinq sommets de plus de 8000 mètres, **dont** trois en vingt-quatre heures.* »

Dont trois en vingt-quatre heures signifie : trois de ces sommets ont été gravis en vingt-quatre heures ou parmi ces cinq sommets, il en a gravi trois en vingt-quatre heures.

Dont, pronom relatif invariable signifie : *de + lesquels (ou lequel, laquelle, lesquelles)*. Chaque fois qu'on utilise le pronom *dont*, il y a une préposition *de* incluse dans la structure de la phrase.
On pourrait dire, par exemple :
> Cette année j'ai fait cinq voyages, **dont** quatre en avion (quatre de ces voyages ont été faits en avion).

● **L'expression de la mise en relation.**

> • « *Une souffrance **d'autant plus** forte **que** l'altitude est élevée.* »

Cette souffrance est proportionnelle à l'altitude, c'est-à-dire : **plus** l'altitude est élevée, **plus** la souffrance est forte.

On pourrait dire :
> Il a réussi un exploit et il a d'autant plus de mérite qu'il n'était pas en forme.

POUR COMMUNIQUER

 **EXERCICE 1** Amorces.

1. Écoutez plusieurs fois les amorces enregistrées et classez-les en deux groupes.

groupe A	groupe B
Ces énoncés montrent que les locuteurs s'interrogent sur un problème :	Ces énoncés montrent que les locuteurs donnent une solution à un problème :
....	....
....	....
....	....
....	....
....	....
....	....

2. Imaginez, pour les énoncés du groupe A, les circonstances de la communication et le problème qui se pose dans ces circonstances.

Les circonstances de la communication (lieu et personnes) :	Le problème qui se pose (de quoi parlent les personnes) :
....	....
....	....
....	....
....	....

3. Imaginez, pour le groupe B, la personnalité des locuteurs.

sexe	âge	profession	caractère	attitude
....	....	....	....	....
....	....	....	....	....

4. Mettez-vous en équipe de deux. Choisissez un thème de discussion. Distribuez-vous les rôles A et B.

A : s'interroge sur un problème.

B : prescrit une solution.

Vous devez réemployer les énoncés des amorces en imitant le ton et l'intonation que vous avez entendus.

178-179

E X E R C I C E   2 **Quand dire, c'est faire !**

a. Observez les énoncés tirés de la situation et dites quelle est leur fonction dans la communication.

Énoncés :

1. ☐ « Excusez-moi, j'ai été retardé par une manifestation. »

2. ☐ « Tiens, Jacky ! Je croyais que vous étiez en voyage ! »

3. ☐ « Dites-nous comment ça s'est passé au congrès. »

4. ☐ « Ne vous moquez pas, c'était très sérieux ! »

5. ☐ « Encore une manifestation ! »

6. ☐ « Enfin te voilà ! On t'attendait. »

7. ☐ « C'est dû à quoi ? »

8. ☐ « Tu n'aurais pas dû faire de ski ! »

9. ☐ « Et nos vacances, alors ? »

10. ☐ « Ah ! vous n'êtes pas drôles ! »

11. ☐ « Et si on passait à table ? »

Fonctions communicatives ; ces énoncés marquent :

a. la proposition

b. la plainte/le mécontentement

c. la demande d'explication

d. le reproche

e. la justification

f. la demande d'information

g. la mise en garde

h. la surprise/l'étonnement

b. Imaginez une conversation entre deux amis.

— A : s'excuse d'arriver en retard et se justifie.
— B : fait un reproche.
— A : demande une information.
— B : donne l'information.
— A : marque la surprise.
— B : fait une proposition.
— A : accepte ou refuse.
— B : fait un reproche.

200-201

E X E R C I C E   3   **Petit casse-tête !**

Voici des expressions figurées. Que veulent-elles dire ?

Exemple : « Les Verts ne savent plus où donner de la tête ».

signifie : ils sont très occupés ☐

ils n'ont rien à faire ☐

ils sont débordés par les événements ☒

1. « C'est à se frapper la tête contre les murs ! »

signifie :   j'ai trouvé la solution ☐

je n'arrive pas à trouver la solution ☐

cette situation est insupportable ☐

2. « Ah ! Il a la tête sur les épaules, celui-là ! »

signifie :   c'est quelqu'un qui ne sait pas ce qu'il veut ☐

c'est quelqu'un qui sait toujours ce qu'il veut ☐

c'est quelqu'un de léger ☐

3. « Ils ont totalement perdu la tête ! »

signifie :   ils sont morts ☐

ils sont devenus fous ☐

ils agissent d'une manière insensée ☐

4. « Quand on n'a pas de tête, il faut avoir des jambes. »

se dit à une   qui n'a pas de mémoire ☐
personne :   qui oublie tout ☐

qui vient d'oublier quelque chose ☐

5. « Ah ! en me voyant, ils ont changé de tête. »

signifie :   ils ont eu l'air très content ☐

ils ont eu l'air gêné ☐

ils n'ont rien manifesté ☐

6. « Elle a fait la tête toute la soirée. »

signifie :   elle a eu mal à la tête ☐

elle a eu l'air fâché ☐

elle était très contente ☐

7. « Il n'en fait qu'à sa tête. »

signifie :   il écoute mes conseils ☐

il fait ce qu'il veut ☐

il ne fait jamais rien ☐

8. « C'est une grosse tête. »

signifie :   il est très instruit ☐

il a fait beaucoup d'études ☐

il est ignorant ☐

9. « Elle est arrivée en tête ! »

signifie : elle est arrivée la dernière ☐

elle est arrivée dans les premiers ☐

elle est arrivée la première ☐

10. « C'est une tête brûlée. »

signifie : il est très sérieux ☐

il ne fait que des bêtises ☐

il a été brûlé ☐

200-201

EXERCICE 4 Images écologiques.

Dans les situations suivantes, essayez de créer la meilleure comparaison en vous aidant des mots qui vous sont proposés.

1. De quelqu'un qui n'arrête pas de rire on peut dire :

« Il rit .... »

2. De quelqu'un qui est rusé, on dira :

« .... »

3. De quelqu'un qui est très vaniteux on peut dire :

« ....»

4. De quelqu'un qui est très malin, on dira :

« .... »

5. De quelqu'un qui est très lent, on dit :

« .... »

6. De quelqu'un qui mange salement, on dira :

« .... »

- *cochon*
- *singe*
- *tortue*
- *paon*
- *baleine*
- *renard*

200-201

EXERCICE 5 Comment l'entendez-vous ?

Lisez les métaphores suivantes et dites ce qu'elles évoquent pour vous.

1. « Cette femme est une vraie pie. »

....

2. « Quelle langue de vipère ! »

....

3. « Il a une <u>mémoire d'éléphant</u>, celui-là ! »

....

4. « Tu as des <u>yeux de lynx</u>, toi ! »

....»

5. « Les hommes d'affaires ont des <u>dents de loup</u> ! »

....»

6. « Allez ! <u>ne fais pas l'autruche</u> ! »

....»

7. « Mettez un <u>tigre</u> dans votre moteur ! »

....»

8. « Regardez comme il s'active ! une véritable <u>fourmi</u> ! »

....»

9. « C'est un <u>ours</u>, cet homme ! »

....»

10. « Regardez, elle a un <u>appétit d'oiseau</u> ! »

....»

200-201

EXERCICE 6 **Réflexions.**

1. **La Nature, les animaux, les éléments sont utilisés pour caractériser les actions humaines. D'un pays à l'autre, sommes-nous bien d'accord sur ces caractéristiques ?**

En France, on dit :	et chez vous ?
« dur comme une pierre »	....
« rapide comme l'éclair »	....
« ennuyeux comme la pluie »	....
« bête comme une oie »	....
« passer comme un ouragan »	....

2. **Prenez la défense des éléments naturels qui sont si souvent pris comme illustrations des mauvais comportements humains.**

La pierre est-elle dure comme un cœur humain ?

....

L'homme est-il aussi rapide que l'éclair ?

....

La pluie est-elle tellement ennuyeuse ?

....

Pourquoi l'oie serait-elle aussi bête qu'un humain ?

....

ENTRAÎNEMENT

192

E X E R C I C E 1 **Jeu lexical.**

Voici des verbes que vous avez pu entendre en écoutant l'enregistrement de *Une bonne nouvelle, la Seine revit* :

améliorer	progresser	augmenter

continuer	diminuer

1. Cherchez les noms qui correspondent à ces verbes.

....

....

....

....

....

2. À l'aide de ces noms, rédigez cinq titres de journaux sur le thème de l'écologie.

....

....

....

....

....

192

E X E R C I C E 2 **Des mots pour le dire.**

prévoir	constater	observer

affirmer	démontrer

Trouvez le verbe qui convient le mieux aux définitions suivantes :

1. .... :
Prouver d'une manière incontestable.

2. .... :
Dire qu'une chose est vraie.

3. .... :
Regarder ou étudier avec attention.

4. .... :
Voir par avance que quelque chose va arriver.

5. .... :
Voir la vérité d'un fait.

193

E X E R C I C E   3   **À faire rapidement.**

1. Voici cinq formes adverbiales relevées dans les « champs de bataille des Verts » :

| largement | | légèrement | | annuellement |

| suffisamment | | vivement |

Retrouvez les adjectifs (masculin et féminin) qui correspondent à chacun de ces adverbes.

Adjectifs au masculin	Adjectifs au féminin
....	....
....	....
....	....
....	....
....	....

Quelles règles proposez-vous pour la formation des adverbes en -ment ? ....

....

2. Trouvez les adverbes correspondant aux adjectifs suivants :

difficile	→	....	puissant	→	....
excessif	→	....	dangereux	→	....
fort	→	....	bruyant	→	....
long	→	....	vif	→	....
plein	→	....	énergique	→	....
naturel	→	....			

3. Complétez ce texte avec des adverbes appropriés au sens.

Hier, à Brest, les Verts ont manifesté ....
contre l'installation d'une usine chimique. On sait, en effet, que
les acides risquent de polluer .... l'atmosphè-
re. Les écologistes s'opposent .... au déve-
loppement inconsidéré des industries qui déversent
.... leurs déchets dans la baie de Brest. Selon
les Verts, les usines sont .... responsables de
la pollution des eaux. Les Verts ont dénoncé ....
.... l'inaction des pouvoirs publics dans la lutte contre la
pollution.

- *énergique*
- *dangereux*
- *vif*
- *abusif*
- *large*
- *catégorique*

EXERCICE 4 Chaque chose à sa place !

Observez les groupes nominaux suivants et la place des adjectifs dans ces groupes.

1. un **petit** pays
   un rôle de **premier** plan
   de **nombreux** organismes
   le **second** centre des Nations Unies

   les plus **grosses** fortunes de la planète
   les plus **hauts** sommets
   quatre langues
   le **vrai** fondateur

Que constatez-vous ? ....

2. les **célèbres** montagnes suisses
   les montres **célèbres** de la Suisse
   un **charmant** chalet
   un chalet **charmant**

   un pays **magnifique**
   un **magnifique** pays
   des montagnes **splendides**
   de **splendides** montagnes

Que constatez-vous ? ....

Est-ce que ces adjectifs sont objectifs ou subjectifs ?

....

3. une puissance **financière**
   un pays **montagneux**
   un rôle **diplomatique mondial**
   la communauté **européenne**
   un rôle **humanitaire reconnu**

   la Croix **Rouge internationale**
   les banques **suisses**
   le sport **alpin français**
   un lieu **touristique recherché**
   la langue **française**

Que constatez-vous ? ....

Est-ce que ces adjectifs sont subjectifs ou objectifs ?

....

Quand il y a deux adjectifs qui se suivent, quelle est la place de l'adjectif de couleur ? la première ou la seconde ?

....

Quand il y a deux adjectifs qui se suivent, quelle est la place de l'adjectif marquant la nationalité, la première ou la seconde ?

....

Lorsque l'adjectif est une forme de participe passé quelle est sa place ? la première ou la dernière ?

....

4. **Pouvez-vous construire des groupes nominaux avec les mots suivants :**

a. pays - petit/montagneux : un ....

b. sommet - haut/enneigé/suisse : un ....

c. capitaux - nombreux/international : de ....

d. banques - gros/suisse : de ....

e. puissance - premier/financier/international : la ....

f. organisme - grand/suisse/humanitaire : un ....

194-195

E X E R C I C E   5   **Jeu lexical.**

Voici une série de mots que vous avez rencontrés en lisant les pages de civilisation sur la Suisse ; classez-les par domaine de référence.

Géographie	Histoire	*mots à classer*
....	....	• *superficie*
....	....	• *frontière*
....	....	• *pays*
....	....	• *prospérité*
....	....	• *neutralité*
....	....	• *territoire*
....	....	• *sites*
....		• *population*
		• *société*

• *diplomatie*
• *environnement*
• *sommets*
• *planète*

Quel sont les mots qui peuvent appartenir aux deux domaines : géographie et histoire ?

....

....

194-195

E X E R C I C E   6   **Questionnaire.**

1. Quelle est la superficie de votre pays ? ....

....

2. Quelles sont ses frontières naturelles ? ....

....

3. Quel est le plus haut sommet de votre pays ? ....

....

4. Quelle est la population totale de votre pays ? ....

....

5. À quoi est due la prospérité essentielle de votre pays ? ....

....

6. Quel est le lieu le plus touristique de votre pays ? ....

....

194-195

E X E R C I C E   7   **Jeu des définitions.**

Retrouvez les mots qui correspondent aux définitions suivantes :

1. .... : État qui consiste à ne

pas s'engager dans un conflit mondial.

Rester dans la ....

2. .... : Limites naturelles ou internationalement reconnues d'un pays.

La côte atlantique est une .... naturelle de la France.

3. .... : État d'un pays qui réussit économiquement et qui ne manque de rien.

On parle de la .... économique de la Suisse.

4. .... : Ce qui entoure. Ensemble des choses qui constituent le cadre de vie des gens.

Les écologistes luttent pour préserver l'...........................
naturel.

5. .... : Le point le plus élevé d'une montagne.

Le Mont Blanc est le .... des Alpes.

- *environnement*
- *sommet*
- *neutralité*
- *frontière*
- *superficie*
- *territoire*
- *communauté*
- *lieu*
- *prospérité*

194-495

EXERCICE 8 **Le savez-vous ?**

Pouvez-vous définir ces mots ?
Donnez un exemple, pour prouver que vous savez bien expliquer !

1. site : ....
....

2. communauté : ....
....

3. planète : ....
....

4. pays : ....
....

5. diplomatie : ....
....

196-197

EXERCICE 9 **On court à la catastrophe !**

Après avoir lu les textes de Jean-Marie Pelt sur les problèmes de pollution, mettez-vous en groupe et écrivez un manifeste en mettant en relief vos craintes et vos certitudes concernant l'urgence d'une action écologique.

- *être sûr de*
- *être certain de*
- *parler de*
- *avoir envie de*
- *avoir peur de*
- *avoir besoin de*

Pour mettre en valeur vos idées utilisez les structures suivantes :

« **Ce dont** on est sûr, **c'est que** si on continue de déboiser à ce rythme, on court à la catastrophe. »

222

EXERCICE 10 **Jeu des définitions.**

Voici une liste de mots avec leur complément de nom.

Expliquez par une paraphrase la valeur de la préposition « à » et « de ».

Exemple : C'est une table qu'on met dans le jardin / dont on se sert pour le jardin : une table **de** jardin.

1. C'est un couteau qui sert à couper le pain / dont on se sert pour couper le pain.

2. C'est une maison qui a deux étages.

3. C'est un train qui circule la nuit.

4. Ce sont des chaussures qui ont un talon haut.

5. Ce sont des lunettes qui protègent du soleil.

6. C'est une maison située à la campagne.

7. C'est une machine où l'on met le linge pour le laver.

8. C'est un chèque dont la valeur est de cent francs.

9. C'est un bateau dont la force de propulsion est donnée par les voiles sous l'action du vent.

10. C'est un maillot que l'on porte pour nager.

11. C'est une classe pendant laquelle on apprend le français.

12. C'est une crème faite/préparée avec du chocolat.

13. C'est une serviette qu'on met à table.

14. C'est un poisson qui vit dans les rivières.

15. C'est un bateau qui est utilisé en cas de guerre.

EXERCICE 11 **Collocations.**

Trouvez les mots qui vont ensemble et faites des phrases.

Verbes	*Noms*	
gérer	une fortune	la destruction
renoncer à	une entreprise	un crime
considérer comme	une carrière	la liberté
risquer	une vie	
mener	un combat	
condamner	une politique	
courir à	la catastrophe	

EXERCICE 12 **Variations sur un thème syntaxique.**

Depuis plus d'un siècle, les champs de neige attirent les skieurs.
- Il y a plus d'un siècle que les skieurs ....
- Les champs de neige ....

Nombreux sont les alpinistes qui viennent escalader les sommets des Alpes suisses.
- Beaucoup ....
- Les sommets ....

L'obscurité dans laquelle est plongée cette région durant une grande partie de l'année fait qu'il n'y a plus de rayons ultra-violets, et donc plus d'ozone.
- Si ....
- Cette région ....
- Il n'y a plus de rayons ....

Il ne suffit pas de réparer les dégâts causés à la nature, il est aussi indispensable d'enseigner à connaître et à respecter la nature.
- Ce qui est indispensable ....
- Réparer les dégâts ....

Cette situation nécessite une prise de conscience des populations.
- Sans ....
- Si les populations ....

L'échec de la campagne anti-pollution est dû au manque de moyens financiers importants.
- Si ....
- C'est parce que ....

L'implantation du TGV Provence a été retardée par de nombreuses manifestations d'écologistes.
- Ce sont ....
- Sans ....

Je ne peux jamais appeler à l'étranger sans que ma mère le sache.
- Si ....
- Il est impossible ....
- Chaque fois que ....

EXERCICE 13 **Variations sur un thème sémantique.**

Le thème	*Adjectifs*	*Noms*	*Verbes*
• *la nuit*	*breton(ne)*	*la terre*	*chantonner*
• *la pluie*	*gris(e)*	*la mer*	*frissonner*
• *l'île*	*triste*	*le port*	*apporter*
	doux(ce)	*la vague*	*s'envoler*
	noir(e)	*la mouette*	*naviguer*
	bercé(e)	*le marin*	*emporter*

1. **Associez les mots du thème à des noms, des adjectifs ou des verbes.**
2. **Faites des phrases.**
3. **Composez un texte.**

EXERCICE 14 **Rimes.**

1. **Faites rimer les mots suivants.**

le bruit	*le sommeil*
la veille	*la pluie*
l'abbaye	*la chouette*
la mouette	*la bruyère*
la prière	*le pays*

2. **Trouvez des rimes pour les mots suivants :**

dauphin : ....   jaloux : ....

la mort : ....   la mer : ....

minuit : ....   breton : ....

3. **Choisissez des mots qui riment et faites un court poème.**

....

....

....

....

....

....

....

....

....

Aspects de la langue.

● La mise en relief.

> • « **Ce qui** est irréversible et absolument catastrophique, **c'est** le déboisement des forêts tropicales. »

> « **Ce que** l'on sait et dont on est sûr, **c'est que**, si (...) on court à la catastrophe. »

Ce procédé a été étudié dans votre grammaire pages 103 et 158. Il est particulièrement utilisé dans les textes où il s'agit d'exposer un point de vue. Il donne plus de force de conviction à la pensée.

Comparez :

Le déboisement des forêts est irréversible et absolument catastrophique.	**Ce qui** est irréversible et absolument catastrophique, **c'est** le déboisement des forêts.
Je sais et je suis sûr qu'on court à la catastrophe.	**Ce que** l'on sait et **dont** on est sûr, c'est qu'on court à la catastrophe.

Il serait intéressant de relever tous les énoncés mis en relief dans les pages 196 et 197.

● Expression de la causalité : *Empêcher que* et *faire que*.

> • « *Cette décision n'aura pas forcément pour conséquence d'***empêcher que** *le trou d'ozone ne se* ***reproduise*** *(subjonctif) tous les ans.* »

> « *L'obscurité dans laquelle est plongée cette région* **fait qu'***il n'y* **a** *plus de rayons ultra-violet.* »

Faire que exprime un rapport de cause à effet. Il introduit la conséquence constatée.
Empêcher que signifie : faire que quelque chose n'arrive pas. Il introduit donc l'absence de conséquence possible.

> *Faire que* introduisant la conséquence est suivi de l'indicatif (fait appartenant au réel).
>
> *Empêcher que* est suivi du subjonctif (fait appartenant au possible).

La causalité peut aussi être exprimée par des noms : *responsable de, facteur de, cause de :*

La pollution n'est pas la seule **responsable de** la mort en Méditerranée.
Il y a un autre **facteur de** mort.
La pollution n'est que la deuxième **cause de** diminution des populations végétales et animales.

N.B. : Le terme *facteur de* n'est, en général, ni précédé, ni suivi de l'article défini.

● **Les verbes et leurs suffixes.**

Les verbes en **-er** ont souvent des transformations nominales en **-tion**.

collaborer	collaboration
augmenter	augmentation
diminuer	diminution
dégrader	dégradation
polluer	pollution

mais

déboiser	déboisement
désarmer	désarmement
déchirer	déchirement
trembler	tremblement

Les verbes réguliers en **-ir** ont généralement des transformations nominales en **-issement**.

enlaidir	enlaidissement
embellir	embellissement
éblouir	éblouissement

Les autres verbes forment leurs substantifs avec des suffixes variés.

répondre	réponse
sortir	sortie
prévenir	prévention
défendre	défense
produire	production

Il peut être utile de relever dans les pages 196, 197 et 198 les noms formés à partir d'un verbe et d'essayer de retrouver l'infinitif de ce verbe.

POUR COMMUNIQUER

EXERCICE 1 Amorces.

1. Écoutez une fois les sept énoncés des amorces : quel en est le thème commun ?

   ....

2. Écoutez plusieurs fois les amorces et relevez sept manières différentes de nuancer sa pensée.

   ....
   ....
   ....
   ....
   ....
   ....
   ....

3. Mettez-vous en équipe, choisissez une situation (courses, compétition sportive, concert, film, etc.). Faites, à tour de rôle, des commentaires sur la situation choisie en nuançant votre pensée (variez les formes !).

   ....

ENTRAÎNEMENT

204-205

EXERCICE 1 **Des manières de parler.**

À l'oral, il est très fréquent de mettre un mot important en première place. Pour cela, le locuteur détache ce mot en début de phrase et ensuite, il le reprend par un pronom.

Exemple : Dans la situation 1 vous avez entendu :
« **La course, elle** est limitée aux bateaux de 18 m 30. »

On aurait pu aussi avoir :
« **Olivier de Kersauson**, je ne l**'**ai pas encore vu. »

Ou :
« **Des concurrents**, il y **en** a au moins 31. »

Essayez de transformer les énoncés suivants pour les dire oralement.

1. Tu ne ferais pas la course, toi !

....

2. Florence Arthaud passe la bouée jaune !

....

3. Regardez, Florence passe la bouée jaune !

....

4. Tu vois, les plaisanciers accompagnent les concurrents.

....

5. Il commente la course à la radio.

....

6. Moi, j'aimerais bien faire la course !

....

7. Tu as vu, les plaisanciers accompagnent les concurrents.

....

8. Je ne vois pas 31 concurrents, moi.

....

9. Il y a plus de 31 bateaux, je crois.

....

10. Moi, je fais du bateau tous les dimanches.

....

EXERCICE **2** **D'autres manières de parler.**

À l'oral, on utilise souvent les structures : «il y a … qui» ou «il y a … que».
En ce cas, «il y a» se prononce le plus souvent «y'a».

Exemple : Regarde, **il y a** des bateaux **qui** partent !

   il y a un bateau **que** je n'arrive pas à identifier.

Transformez les énoncés suivants pour les dire à l'oral.

1. Florence Arthaud passe la bouée jaune.

   ....

2. Les plaisanciers accompagnent les concurrents.

   ....

3. Oh ! Un bateau a démâté !

   ....

4. Je n'arrive pas à lire un des numéros.

   ....

5. Je ne connais pas un des concurrents.

   ....

6. Olivier de Kersauson commente la course à la radio.

   ....

7. Le signal de départ vient d'être donné.

   ....

8. On ne voit plus un des bateaux.

   ....

204-205

EXERCICE 3 **Ce ne sont que des hypothèses.**

Dans la situation, vous avez entendu Achille dire :

« Et Olivier de Kersauson ? On ne l'a pas encore vu... Il **aura pris** son temps, je suppose... »

Devant un fait observé, le locuteur peut faire des suppositions ou des hypothèses explicatives. Pour cela on peut utiliser le verbe au futur antérieur (« aura pris ») qui a, dans ces cas, la valeur d'une supposition.

Voici des faits observés, formulez des hypothèses explicatives en utilisant la forme du futur antérieur des verbes.

1. Regardez, il y a un des concurrents qui revient au point de départ !

    ....

2. Il y a un des bateaux qui a disparu, on n'a plus de nouvelles de lui depuis cinq jours !

    ....

3. Il y a un des trimarans qui s'est renversé en mer.

    ....

4. La radio de Bousquet ne répond plus. On se demande ce qui arrive.

    ....

5. Il y a un concurrent qui n'avance plus du tout. Son trimaran n'a même plus de voile. On se demande ce qui se passe.

    ....

204-205

EXERCICE 4 **C'est une question de durée.**

Les indicateurs temporels « dans » et « en ».

Complétez les énoncés suivants en utilisant « dans » et « en » selon les cas.

Exemple : – Les concurrents arriveront à Pointe-à-Pitre **dans** 15 jours.
     – Ils traverseront l'Atlantique **en** 15 jours.

1. Le départ sera donné à 13 heures 30, ... quinze minutes exactement.

2. Les meilleurs skippers feront la course .... 15 jours mais il y a certains bateaux qui n'arriveront que .... vingt jours. Quelques bateaux n'arriveront peut-être jamais à Pointe-à-Pitre.

3. Florence Arthaud a rattrapé les premiers concurrents .... quelques minutes. Elle va passer la bouée jaune .... une dizaine de minutes.

4. C'est une vraie championne. .... deux ou trois ans, elle pourra faire le tour du monde en solitaire. Je crois qu'Olivier de Kersauson a fait son tour du monde .... quatre ou cinq mois. Florence le fera peut-être .... beaucoup moins de temps !

5. La prochaine course du Rhum aura lieu .... sept mois environ. Peut-être que les concurrents traverseront l'océan .... dix jours seulement, parce que les trimarans sont de plus en plus rapides.

218

EXERCICE 5 Des mises en relation.

1. Pour comparer et analyser des résultats ou des données, on a besoin de termes spécifiques qui permettent la mise en relation comparative.
Voici quelques-uns de ces termes :

A	B	C	D
par rapport à vis-à-vis de en comparaison de	au plan de au niveau de pour ce qui est de	en fonction de eu égard à [1] compte-tenu de proportionnellement à	par opposition à

[1] Vieilli

2. Observez l'emploi de ces termes de la mise en relation comparative.

> A. **Par rapport aux hommes**, Florence a moins de force physique.
> Florence a moins de force, **vis-à-vis** de ses concurrents masculins.
> Florence a moins de force physique, **en comparaison de** ses concurrents masculins.
>
> B. **Au plan de** la force physique, Florence est désavantagée.
> **Au niveau de** la force physique, Florence est désavantagée.
> **Pour ce qui est de** la force physique, Florence est désavantagée.
>
> C. Florence réussira **en fonction de** ses performances.
> Florence réussira **eu égard à** ses performances.
> Florence réussira **compte tenu de** ses performances.
> Florence réussira **proportionnellement à** ses performances.
>
> D. **Par opposition** aux hommes, Florence est plus intuitive.

3. Dans les groupes A, B, C, D observez l'emploi des termes de la mise en relation comparative.

    a. Dans un de ces groupes on compare deux éléments X et Y ; lequel ? ....

    b. Dans un de ces groupes on choisit un thème à propos duquel X et Y seront comparés ; lequel ? ....

    c. Un de ces groupes marque une relation de dépendance ; lequel ? ....

    d. Un de ces groupes marque catégoriquement l'opposition entre deux éléments ; lequel ? ....

4. **Préparez maintenant un petit texte pour analyser et comparer les performances et les compétences de votre sportif favori ou de votre sportive favorite. Essayez de réemployer les termes de la mise en relation comparative.**

....

....

....

....

....

....

219

EXERCICE 6 C'était un triomphe !

Laurent Cordelle **a été classé** premier avec 12 minutes d'avance.

Cette forme verbale passive permet d'indiquer un résultat sans en mentionner la cause ou l'agent.

Sur ce modèle, que pouvez-vous écrire à propos de différents champions du monde des sports, des médias, de la politique ?

Voici des verbes qui peuvent vous aider :

1. ....

2. ....

3. ....

4. ....

5. ....

6. ....

- *nommer*
- *élire*
- *promouvoir*
- *applaudir*
- *recevoir*
- *consacrer*
- *reconnaître*
- *congratuler*
- *ovationner*
- *classer*
  etc.

225

EXERCICE 7 Découvrez la différence.

Observez ces trois emplois de « comme » :
1. « C'est la mer comme je ne l'avais jamais vue encore,... »
2. « Comme j'ai hâte de retrouver le désert de la mer ! »
3. Comme J.M.G. Le Clezio a vécu en Martinique, il connaît bien la mer.

Ont-ils la même signification ?

a. comparaison

b. cause

c. exclamation

Après avoir lu le texte d'Olivier de Kersauson, vous écrirez plusieurs phrases où vous emploierez ces trois « comme » pour exprimer ce que ce marin dit de son expérience de la mer.

224-225

EXERCICE 8 Pour marquer l'opposition.

Transformez les phrases suivantes en employant « avoir beau + infinitif ».

Exemples : – On est en été et **pourtant** il règne une température de mois de novembre.
– **On a beau être en été**, il règne une température de mois de novembre.

1. La mer est très dangereuse pourtant elle attire de nombreux marins.

   ....

2. Même si Olivier de Kersauson aime l'aventure extrême, il est conscient des dangers et le dit à son lecteur.

   ....

3. Bien qu'Olivier de Kersauson sache qu'il n'est pas le premier à naviguer dans la zone des 40e rugissants, il a l'impression d'être le premier homme vivant à la traverser.

   ....

4. C'est un monde sauvage et hostile mais en même temps il est paré d'une magie et d'une beauté particulières.

   ....

5. Même si vous êtes un marin professionnel, vous devez rester prudent.

   ....

224-225

EXERCICE 9 Expression de la conséquence.

Transformez les phrases suivantes en utilisant les expressions consécutives qui vous sont proposées.

Exemples : – C'est un monde hostile **c'est pourquoi** il est impossible d'y survivre sans un peu de chance.
– C'est un monde **tellement** hostile | **qu'**il est impossible d'y survivre.
  si hostile
– Il y a beaucoup de vagues **donc** le bateau avance difficilement.
– Il y a **tellement de** vagues | **que** le bateau avance difficilement.
  tant de vagues

1. Il y a peu de soleil c'est pourquoi la mer est grise.

   ....

   ....

2. Olivier de Kersauson aime ce métier c'est pourquoi il est attiré par les quarantièmes rugissants.

   ....

   ....

> **Expressions consécutives**
> ■ tellement + adj. + que...
> ■ si + adj. + que...
> ■ tellement de + nom + que...
> ■ tant de + nom + que...

3. Le plaisir de naviguer est grand c'est pourquoi il aide à surmonter la solitude.

....

4. La mer est sauvage c'est pourquoi Olivier de Kersauson la compare à un désert.

....

5. Ces courses en solitaire comportent beaucoup de risques c'est pourquoi seuls les marins professionnels peuvent les entreprendre.

....

EXERCICE 10 **Donnez votre opinion.**

En choisissant d'autres contextes, utilisez les expressions consécutives proposées à l'exercice précédent.

Exemples : **En classe, trop d'étudiants → travail difficile**

En classe, il y a tellement d'étudiants qu'on travaille très difficilement.

1. En ville, trop de voitures → circulation impossible

....

2. En économie, trop de chômage → les jeunes se révoltent

....

3. En art, trop de peintres - graffiti → l'art n'a plus de signification

....

4. En politique, trop de discussions contradictoires → le gouvernement ne peut pas agir

....

5. Dans le monde, trop d'injustice → on se révolte

....

6. Au théâtre, beaucoup de jeunes acteurs → il faudrait créer de nouvelles salles de théâtre

....

EXERCICE 11 Collocations.

Trouvez les mots qui vont ensemble et faites des phrases.

Verbes	*Noms*
prendre conscience de	un intérêt
utiliser	un sentiment
posséder`	une limite
réviser	un cœur
contempler	un abîme
entretenir	l'urgence
dépasser	le problème
sonder	les possibilités
	le jugement
	une théorie

EXERCICE 12 Variations sur un thème syntaxique.

En 1534, Jacques Cartier quitte Saint-Malo et découvre le Canada.

- La découverte de ....
- Le Canada ....
- C'est Jacques Cartier ....

Pour réaliser ces performances, il faut être tenace, obstiné et courageux, telles sont les qualités que les Français reconnaissent aux Bretons.

- La ténacité ....
- La réalisation de ces performances ....
- Les Bretons sont considérés ....

L'élimination de la langue bretonne est due à la centralisation et à l'école publique obligatoire en français.

- La langue bretonne ....
- C'est la centralisation ....

C'est surtout le tourisme qui fait connaître la Bretagne : malgré les pluies fréquentes, le pays attire de nombreux touristes.

- La Bretagne ....
- Les pluies fréquentes ....
- Grâce aux touristes ....

C'est un monde tellement hostile qu'il est impossible d'y survivre sans un peu de chance.

- On ne peut ....
- Il faut ....
- Si ....

EXERCICE 13 **Variations sur un thème sémantique.**

Le thème	*Adjectifs*	*Noms*	*Verbes*
• *rêver l'impossible :*	*les flots*	*rugissant*	*s'embarquer*
peut-être	*les parallèles*	*hurlant*	*affronter*
quand même	*la tempête*	*effrayant*	*naviguer*
un jour	*la baleine*	*démonté*	*débarquer*
	le phoque	*seul*	*sombrer*
	le foc	*livide*	*chavirer*

1. Associez les mots du thème à des adjectifs, des noms ou des verbes.

2. Faites des phrases.

3. Composez un texte.

EXERCICE 14 **Rimes.**

1. Faites rimer les mots suivants.

archipel	*reine*
océan	*parfaite*
baleine	*parallèles*
tempête	*effrayant*
voile	*perfide*
livide	*étoile*

2. Trouvez des rimes pour les mots suivants :

quand même : ....   heureusement : ....

justement : ....   peut-être : ....

un jour : ....   tout à fait : ....

3. Choisissez des mots qui riment et faites un court poème.

....

....

....

....

....

....

....

....

....

....

Aspects de la langue.

Le Grand Bleu.

● **Quelques emplois des prépositions à et *de*.**

> • « *Les vibrations sonores sont **de** très haute fréquence.* »

La préposition *de* placée entre le verbe *être* et un nom ou un groupe nominal donne la fonction adjectivale au nom qui suit.
La phrase ci-dessus signifie : La fréquence des vibrations sonores est très haute.
On pourrait dire aussi : Ces chaussures sont de très bonne qualité.

> • « *Ce n'est pas la mer **d'**émeraude que je voyais autrefois.* »
>
> « *C'est la mer... **d'**un bleu qui donne le vertige.* »

La préposition *de* peut également réunir deux noms en donnant la fonction adjectivale au deuxième nom : La mer est de la couleur émeraude... La mer est d'un bleu qui...
Il y a beaucoup d'exemples dans la langue quotidienne de cette fonction adjectivale : des lunettes de plongée, des chaussures de ski, une maison de campagne, une robe d'été, etc.

à

> • « *Un cerveau **à** deux hémisphères.* »

La préposition *à* peut également servir à donner la fonction adjectivale au nom qui suit : une tasse à café, une épingle à cheveux.

> • « *Le dauphin assure sa position idéale **à** coups de nageoires .* »
>
> « *Le dauphin peut nager **à** grande vitesse.* »
>
> « *Ces minutes de plongée ont passé **à** une allure folle.* »

Dans ces phrases la préposition *à* introduit un groupe circonstanciel indiquant la manière (le comment). Dans ce cas, le *à* peut être synonyme de *avec*.

> • « *La théorie du rêve est-elle **à** réviser ?* »

Ici le *à* dépend du verbe *être*. Le verbe *être à* est synonyme de *être bon à* ou *il faut*.
La théorie du rêve est-elle à réviser : **Faut-il** réviser la théorie du rêve ?

Autres exemples :
Le devoir est à refaire : Il faut refaire le devoir.
Cette conserve est à consommer avant le 30.10.94 : Il faut consommer cette conserve avant le 30.10.94.

POUR COMMUNIQUER

254-255

EXERCICE 1 **Comment marquer son territoire.**

Chaque individu possède son « territoire ». Ce territoire peut être très varié. On distingue par exemple :

– le territoire « fixe » : c'est le lieu d'habitation.

– le territoire « réservé » : c'est la place occupée tous les jours dans un lieu public.

– le territoire « mobile » : les possessions qui roulent et se déplacent.

– le territoire « momentané » : c'est la place occupée pendant un temps très limité.

– le territoire « intime » : c'est l'espace individuel occupé sans que la personne ne soit dérangée par les autres.

Donnez des exemples de ces territoires variés et essayez de trouver les marqueurs de territoire, c'est-à-dire les manières dont on signale ses propriétés.

	Exemples de territoires	Marqueurs de territoires
fixe		
réservé		
mobile		
momentané		
intime		

E X E R C I C E 2 Avis à la population.

Un peu partout en France, on peut lire :

1. « Attention, chien méchant ! »

....

2. « Propriété privée »

....

3. « Première classe »

....

4. « Réservées au mutilés »

....

5. « Complet »

....

6. « Ne pas déranger »

....

7. « Sous surveillance électronique »

....

8. « Chasse gardée »

....

9. « Voie privée »

....

10. « Pelouse interdite »

....

11. « Toilette payante »

....

12. « Entrée libre »

....

13. « Accès interdit »

....

14. « Réservé au personnel »

....

15. « Table réservée »

....

16. « Club privé »

....

17. « Défense de stationner »

....

18. « Stationnement interdit aux nomades »

....

19. « Entrée gratuite »

....

20. « Cravate obligatoire »

....

Ces petites phrases sont des marqueurs de territoire...

a. À votre avis, où trouve-t-on ces marqueurs ?

b. Est-ce que ces marqueurs ont la même fonction que ceux que vous avez trouvés dans l'exercice précédent ?

c. Dans votre pays y a-t-il ce même genre de marqueurs ?

254-255

E X E R C I C E   3 **Les réserves personnelles.**

Chaque individu possède aussi ses « réserves » : elles sont nombreuses.

On les classe généralement en :

– réserves « personnelles » : les objets qui vous appartiennent personnellement.

– réserves « intellectuelles » : ce que vous avez acquis, créé ou inventé grâce à vos compétences intellectuelles.

– réserves « affectives » : le lien affectif qui vous unit à certaines personnes.

Chaque individu « marque » ses réserves d'une certaine manière. Essayez de trouver ces marqueurs.

Réserves	Exemples de réserves	Marqueurs de réserves
personnelles	*mon manteau*	*mes initiales à l'intérieur du manteau* ....
intellectuelles	*j'ai écrit un livre*	*mon nom d'auteur est sur le livre* ....
affectives	*mes enfants*	*ils portent mon nom* ....

254-255

E X E R C I C E   4 **Le petit observateur.**

Voici trois sortes de territoire «momentané» :

– La place : celle que l'individu occupe dans les transports en public ou dans une salle de spectacle.

– Le tour : dans une file d'attente, chacun a son tour. Le premier arrivé est le premier servi.

– Le rang : celui que l'on occupe sur une liste. En France, le rang est soit « alphabétique », soit « qualitatif » : le premier reçu à un concours est le premier sur la liste.

En France, les gens font très attention à préserver ces territoires momentanés…
Si quelqu'un ne les respecte pas, il peut s'ensuivre de véritables disputes…

Et dans votre pays, qu'en est-il ? Illustrez vos réponses par des exemples.

ENTRAÎNEMENT

| EXERCICE | 1 | **Collocations.** |

Trouvez les mots qui vont ensemble et faites des phrases.

Verbes	*Noms*	
semer	la panique	les valeurs
intégrer	la mort	une trace
constituer	le blé	une population
déceler	un apport	une ressource
impliquer	un point de vue	les devoirs
garantir	les droits	
développer		

| EXERCICE | 2 | **Variations sur un thème syntaxique.** |

On n'a pas pris de mesures pour freiner la délinquance, d'où les tensions sociales que l'on constate à l'heure actuelle.

- Étant donné que ....
- Il est inévitable que ....

Moi, ce que je crois, c'est qu'un pays est d'autant plus démocratique que le niveau d'éducation y est élevé.

- Plus ....
- Le niveau démocratique ....

Certains estiment que l'intégration se fera à condition de faire connaître aux Français la culture des étrangers.

- Pour réaliser ....
- Si on veut que ....

F. Braudel proteste contre les historiens qui nient le long travail du temps.

- D'après F. Braudel ....

D'accord pour développer l'enseignement de l'espagnol comme seconde langue, mais en faire une langue officielle, certainement pas.

- Je ne suis pas du tout d'accord ....
- J'accepte qu'on ....

EXERCICE 3 **Variations sur un thème sémantique.**

Le thème	Adjectifs	Noms	Verbes
• le rapeur	noir	la France	vivre
• la douleur	naïf	les mots	souffrir
• la valeur	rebelle	les droits de l'homme	pleurer
	français	l'espoir	admirer
	inutile	la couleur	oser dire
	habile	la peau	offenser

1. **Associez les mots du thème à des adjectifs, des noms ou des verbes.**
2. **Faites des phrases.**
3. **Composez un texte.**

EXERCICE 4 **Rimes.**

1. **Faites rimer les mots suivants.**

étranger	rapeur
parole	immigré
beur	symbole
mosaïque	haï
pays	archaïque
inutile	malhabile

2. **Trouvez des rimes pour les mots suivants :**

banlieue : ....

couleur : ....

droits de l'homme : ....

France : ....

intégré : ....

éternel : ....

3. **Choisissez des mots qui riment et faites un court poème.**

....

....

....

....

....

....

....

....

....

Aspects de la langue.

● **Métaphore et comparaison.**

S'exprimer par métaphore consiste à prendre un élément d'un domaine et à l'appliquer à un autre domaine pour faire une comparaison qui frappe l'imagination.

Par exemple : le *creuset* appartient au domaine des techniques.
C'est un instrument qui sert à mélanger de manière homogène différentes matières, donc à les intégrer les unes aux autres.
D'où l'idée d'appliquer ce terme au domaine de l'étude des populations ; le creuset devient le lieu où se mélangent les peuples d'origines différentes qui finissent par devenir un seul peuple.
Par opposition les termes de *saladier* et de *mosaïque* évoquent l'idée de juxtaposition et non de mélange.

Quand une métaphore a été longtemps utilisée, elle est usée, car elle est devenue banale. C'est un mot qui n'évoque plus le domaine d'origine d'où il est tiré.
À l'opposé, une métaphore est neuve, si elle vient d'être créée : c'est le cas du ***Manteau d'Arlequin***, terme utilisé par Michel Serres pour décrire l'esprit de l'individu qui a évolué en intégrant des aspects de cultures différentes.

● **Emplois courants des termes utilisés dans les métaphores de la rubrique Culture.**

• ***L'hexagone***, figure géométrique, est appliqué à la France (pays géographique).

On parle de mentalité hexagonale, c'est-à-dire qui ne dépasse pas les limites du pays, qui est fermée.

• *« La lente **germination** culturelle et sociale qui a **sculpté** les paysages... **modelé** les mentalités. »*

Germination, de *germer*, vient du domaine de la biologie : le blé germe (se développe en graine). Chez Braudel la germination culturelle et sociale a peu à peu donné naissance à un nouveau peuple. Le terme est appliqué au domaine de l'histoire.
Autre emploi courant : Une idée a germé dans sa tête.

Sculpter et *modeler* appartiennent au domaine des arts (la sculpture) : on sculpte une statue, des objets en pierre ; on modèle des objets avec de la pâte à modeler.
Braudel applique ces termes à la géographie (les paysages) et à la sociologie (les mentalités).

• *«Ce que le passé a déposé par **couches successives** comme le dépôt imperceptible des **sédiments marins**. »*

Couches successives et *sédiments marins* appartiennent au domaine de la géologie.
Braudel les applique à l'Histoire : les apports culturels de différents peuples ont formé un terrain composé de couches successives dont on peut encore reconnaître l'origine, mais qui constituent un seul sol (un seul peuple).

• « *Vaste inconscient sans* **rivages**. »

Rivages appartient au domaine de la géographie (la mer). Braudel l'applique au domaine de la psychologie en caractérisant l'inconscient qui est vaste, mais sans contours, sans limites précises.

Emplois usuels :
    Des baleines se sont échouées sur le rivage.
    Les rives de la Loire sont très douces (rive est utilisé pour un fleuve).

• « *Il se fait Espagnol, Italien, Anglais ou Allemand, s'il* **épouse** *leur culture*. »

Épouser appartient au domaine des relations familiales. *Épouser* quelqu'un signifie : *se marier avec quelqu'un*. Michel Serres applique le terme au domaine social : *épouser une culture* signifie *vivre en relation étroite avec elle*.

Autre emploi : épouser un point de vue (l'adopter).

• « *Le bouillonnement des races* » et « *le* **foisonnement** *culturel* ».

Bouillonner appartient à la physique : l'eau bout (du verbe bouillir) à 100 degrés. *Bouillonner* se dit d'un liquide, l'eau ou la lave par exemple, qui s'élève en faisant de grosses bulles. Ici, le terme est appliqué à la sociologie : ce sont les races qui, en se mélangeant, provoquent une agitation.
On dit aussi : *un bouillon de culture*, terme emprunté à la biologie. Il s'agit d'un liquide servant de culture bactériologique. Ce terme peut aussi être appliqué à la sociologie.

Foisonner appartient à la physique : c'est l'augmentation de volume d'un corps, il évoque la notion de quantité, d'abondance. Appliqué à la sociologie, il signifie ici l'augmentation des apports et des créations dans le domaine de la culture.

• « *Les immigrés* **se fondent** *dans les classes populaires*. »

Fondre appartient au domaine de la physique : la matière fond sous l'effet de la chaleur. Le beurre fond dans la poêle. Le chocolat fond dans la bouche. Le métal, l'or peuvent être fondus.
Se fondre signifie donc *se mélanger, devenir partie de*. On dit : *Se fondre dans la masse* (ne pas se distinguer de la masse).

• « **Injecter** *une petite chose de noir dans la culture française*. »

Injecter appartient le plus souvent au domaine de la médecine.
Injecter ou *faire une injection*, c'est-à-dire une piqûre, c'est introduire un liquide dans le corps à l'aide d'une aiguille.
L'image est très claire, appliquée au domaine de la sociologie.

CORRIGÉS

UNITÉ 1

Pour communiquer

1 Proposition de corrigé (d'autres propositions sont tout aussi possibles) :
a. 1. «Vous avez dit «avant» ou «pendant» ? » : Où ? dans une salle de concert, juste avant un concert – Qui parle ? un violoncelliste/un musicien - À qui ? au chef d'orchestre/ à un autre musicien - À propos de quoi ? à propos de la partition/à propos du rythme/à propos du moment où le violoncelliste doit jouer.
2.«Qu'est-ce qu'il a dit ? Je n'ai rien compris. » : Où ? dans la rue ou dans un grand magasin – Qui parle ? une passante ou une vendeuse –À qui ? à un(e) autre passant(e) ou à une autre vendeuse – À propos de quoi ? à propos de ce que demande un Japonais en japonais.
3.«Qu'est-ce qu'il veut dire par là ? : Où ? dans un gymnase ou dans un centre de sports – Qui parle ? un débutant/quelqu'un qui apprend à faire de la gymnastique – À qui ? il se parle à lui-même parce qu'il ne comprend pas ce qu'il faut faire/il parle à son voisin, un autre débutant - à propos de quoi ? À propos des explications que donne le moniteur.
4.«Ça veut dire quoi exactement ?» : Où ? à la campagne, dans un jardin ou dans une maison – Qui parle ? une jeune femme – À qui ? elle parle au chien qui est dehors ou à quelqu'un près d'elle – À propos de quoi ? elle se demande ce que le chien veut dire. Elle ne comprend pas pourquoi le chien pleure. Elle ne sait pas si le chien est content ou malheureux...
5.«Je n'ai pas bien saisi, là...» : Où ? chez des amis, au cours d'une fête ou d'un dîner – Qui parle ? un jeune homme un peu naïf – À qui ? aux autres qui rient – A propos de quoi ? quelqu'un vient de dire une plaisanterie et le jeune homme est le seul à n'avoir rien compris, c'est pourquoi les gens se mettent à rire...
b. Réponses possibles aux questions posées dans les amorces : 1. J'ai dit pendant ! Ne jouez pas avant, vous allez trop vite ! Restez dans le rythme ! – 2. Moi non plus, je n'ai rien compris. Il parle japonais sans doute mais je ne comprends pas plus que toi le japonais ! Qu'est-ce qu'on peut faire pour lui ? – 3. Je n'en sais rien ! Je ne comprends rien à ses explications. C'est trop compliqué pour moi ! – 4. Alors là, je ne sais pas du tout ce qu'il veut, ce chien ! Peut-être qu'il veut jouer, peut-être qu'il veut entrer à la maison, je n'en sais rien ! (ou : Mais ouvre-lui donc la porte ! Tu ne vois pas qu'il veut entrer !) – 5. Tu veux j'éclaire ta lanterne ? Réfléchis ! C'est un jeu de mots ! Ah ! tu es vraiment trop naïf ! Attends encore un peu, tu comprendras !

2 1. Je suis heureux(se) de vous accueillir. – Je suis heureux de vous annoncer un concert. – Je vous souhaite la bienvenue. – 2. Je suis content de partir en voyage ! – Je suis heureux(se) de commencer ce cours de français. – Je suis content(e) de vous connaître ! – Comme je suis heureux(se) de te revoir ! – Je suis triste de ne pas partir en vacances./ Je suis désolé(e) de ne pas prendre de vacances cette année. – 3. J'espère que tu feras un bon voyage ! – J'espère que vous serez heureux en France. – J'espère qu'elle roulera bien, votre nouvelle voiture. – J'espère que vous serez longtemps très heureux ! – J'espère qu'ils arriveront bientôt ! Je commence à avoir faim, moi !/J'espère

qu'ils viendront vite ! – 4. 6a-5b-4c-2d-7e-1f-3g – 5. « Chers amis, je suis très heureux(se) de savoir que vous venez de vous marier. J'espère que vous serez très heureux ensemble et que vous aurez beaucoup d'enfants ! Je vous souhaite beaucoup de bonheur ! Je vous souhaite aussi une réussite totale dans toutes vos entreprises ! Bien amicalement. Votre ami(e) Claude Pascal» – 6. «Mes chers amis, J'ai été très heureux(se) de passer quelques jours avec vous au bord de la mer. J'ai été enchanté(e) de connaître vos amis et vos voisins. Maintenant, je suis un peu triste de travailler parce que tout le monde est encore en vacances. Je vous remercie beaucoup de m'avoir accueilli(e) chez vous et j'espère que nous nous reverrons bientôt. Je serais très content(e) de vous recevoir chez moi un de ces jours. Merci encore pour tout, votre ami(e) : Fabien (ne)» – 7. Je vous souhaite – J'espère que – Je suis heureux(se) de – J'espère que – Je suis content(e) de/heureux(se) de – J'ai le plaisir de/Je suis content(e) de – Je suis désolé(e) de/Je regrette de – Je suis sûr(e) que/J'espère que – Je vous souhaite.

3 1ʳᵉ vignette : Pourquoi pars-tu déjà/Pourquoi ne dis-tu rien ?
2ᵉ vignette : Qu'est-ce que ça veut dire épuisé ?
3ᵉ vignette : Je ne comprends pas du tout ce qu'il dit !
4ᵉ vignette : Oui, les manchots, ce sont des personnes qui n'ont pas de bras ou des personnes qui ont perdu un bras. Alors, sauf les manchots, ça veut dire que seulement les personnes qui n'ont plus de bras ne le montrent pas du doigt.
5ᵉ vignette : Ça veut dire une opinion défavorable. Il a mauvaise réputation, ça veut dire qu'on ne l'aime pas, on ne le respecte pas, on se méfie de lui, etc...

4 1. Moi, je ne suis pas d'accord avec toi ! J'adore le rock ! Le rock, c'est super ; le rock, c'est la technique, le rythme très travaillé, la créativité. Le rock, ça ne s'improvise pas ! Le rock, ça s'apprend ! C'est très difficile de jouer du rock ! Il faut être très fort pour bien jouer, etc...
2. Amérique/jean/hamburger/moto/génie/amitié/fraternité/guitare/batterie/cheveux longs/tatouages,etc.

5 A3-B2-C2-D2-E3-F4-G4-H1

6 Les apprenants s'efforcent d'expliquer le choix qu'ils ont fait dans l'exercice précédent.

7 1. A : « Et dans ses yeux un peu de sable jaune.»
   A : Je pense que ça veut dire qu'elle rêve aux vacances, à la plage.
   A : Elle est triste, dans sa banlieue rouge, mais dans ses yeux, on peut deviner qu'elle aime le soleil, la mer, la plage. Dans ses yeux, il y a du rêve, de l'évasion, un espoir de connaître autre chose que sa banlieue.
2. A : Tu peux me prêter cinq cents balles ?
   A : J'ai besoin d'argent, tu en as ?
   A : Espèce d'égoïste ! Il n'y a pas plus sourd que celui qui ne veut pas entendre. Tu n'es qu'un pauvre idiot, va !
3. B : Oui, ce n'était pas mal.
   B : Et si on allait dîner ensemble ? Tu n'as pas faim, toi ?

Entraînement

1
1. personne – 2. quelque chose/tout – 3. nulle part – 4. aucun – 5. jamais

2
1. Rien n'est intéressant... – 2. Personne ne connaît personne. – 3. On ne voit nulle part des indications... – 4. Cette jeune fille a toutes les chances de sortir... – 5. Personne n'est venu remercier... – 6. Les invités n'ont rien mangé...

3
1. qui-où – 2. que-qu'-qui – 3. que – 4. que-où – 5. que-que-qui-que

4
Pourquoi – C'est pour ça que – C'est pour ça que – alors que – Pourquoi – Parce que

5
1. êtes venu(e)-suis arrivé(e) – 2. vous plairez-serai content(e)-aura-irai – 3. avez trouvé-ai pris-dormirez-je ne dormirai-irons – 4. avez acheté-a reçu-ai attendu-est arrivé-avait

6
1. souhaiter – annoncer – ouvrir – fermer – applaudir – goûter – apprécier
2. Il formule des souhaits de bonheur. Ils leur souhaitent beaucoup de bonheur.
Il n'apprécie pas le goût du vin. Il a goûté le vin mais il ne l'a pas apprécié.
Elle lui donne une très bonne appréciation.Elle apprécie très positivement la qualité du devoir.
Tout le monde a applaudi./Les gens ont manifesté leur enthousiasme par des applaudissements.
Le salon de l'auto ouvrira le 28 septembre et se fermera le 15 octobre./Le salon de l'auto sera ouvert du 28 septembre au 15 octobre.

7
1. interprète – 2. villageois – 3. banlieusards – 4. spectateurs – 5. un chanteur – 6. gastronomes – 7. touristes

8
1. Tous les jeunes aiment la musique. La plupart d'entre eux vont au concert plus d'une fois par an. – 2. La moitié d'entre eux aiment le rap. – 3. Les deux-tiers des jeunes assistent à des concerts rock. La majorité des jeunes va plusieurs fois par an au concert. – 4. Presque tous ont un walkman. – 5. La majorité des jeunes écoute plutôt de la musique rock. Très peu d'entre eux apprécient la musique classique. – 6. Aucun d'entre eux ne déteste la musique.

9
il devint – il lutta – il fut tué – il entra

10
a. 1. les comportements   5. la culture
2. les attitudes   6. la révolte
3. les changements   7. l'opposition
4. les valeurs   8. les tensions

b. tension – l'opposition – la révolte – changements – comportements ; attitudes – valeurs – valeurs – culture

c. 1. l'attitude – 2. comportements – 3. changements – 4. tensions – 5. valeur

d. modification   révolte/révolution
expression   opposition
comportement   changement
revendication   création

11
1. Dossiers de l'écran : «Le comportement des jeunes.» – 2. Revendication des syndicats de la fonction publique – 3. Révolution biologique : les bébés-éprouvette – 4. L'opposition questionne le gouvernement – 5. Demain, changement d'heure ! Mettez vos montres à l'heure d'été – 6. Création d'un centre pour l'amitié des peuples.

12
1. De plus en plus de jeunes aiment la musique.
2. Mais ils aiment de moins en moins le rock.
3. Alors qu'ils apprécient de plus en plus le rap.
4. De plus en plus de jeunes vont au concert.
5. Et étonnamment, ils aiment de plus en plus la musique classique.
6. Malheureusement, il semble que de moins en moins de jeunes jouent d'un instrument.
7. Les jeunes savent de moins en moins lire la musique.
8. Mais ils sont de moins en moins nombreux à acheter des disques.
9. Il semble que de plus en plus de jeunes écoutent des chansons.
10. Mais ils écoutent de plus en plus le jazz.

13
1. Quelques disques... je trouve que certains sont moins bons que d'autres... les autres... moi, je les aime tous... tous ses disques sont super.
– Certains (masculin), certaines (féminin).
– Quelques : même forme aux deux genres.
– Tous (masculin pluriel), toutes (féminin pluriel).
Les autres, d'autres : même forme aux deux genres.
2. Discussion.

14
1. **en** remplace «airs des années 30» ; **l'** remplace «disque».
2. «Je l'aime bien» : **le** se place avant le verbe, il est complément d'objet direct du verbe «aimer».
« Tu veux en écouter un autre» : **en** se place devant le verbe à l'infinitif, **en** est complément d'objet direct du verbe «écouter».
3. Différence d'emploi entre :
• le singulier :   le pluriel :
un autre   **d'**autres → renvoie à quelque
une autre   chose qui n'est pas précis
          (un : article indéfini + autre).
• **l'autre** renvoie à un disque précis (le + autre : article défini + autre) : «Je préfère **l'autre** c'est-à-dire **le** premier disque (que Chloé a écouté.)»

15
1. Je voudrais **en** boire **un autre** : du vin de Bordeaux, si tu en as.
2. Je préférerais **en** écouter **un autre** : un disque de musique ancienne si tu en as.
3. Je voudrais **en** voir **un autre** : celui des Stones si tu l'as.
4. Je voudrais **en** écouter **une autre** : une plus récente, si tu as le nouvel album de Renaud.
5. Je préférerais **en** chanter **une autre** : une chanson de Brel par exemple.

16
réclamer : une augmentation/une réforme
apprécier : un séjour/un comportement/un résultat/un repas
poser : un problème/une question
modifier : une décision/une opinion/un comportement/un résultat
demeurer : la question + demeurer/le problème + demeurer
Exemples de phrases : Les employés réclament une augmentation. – Leur comportement n'a pas modifié la décision. – Cela demeure un problème sérieux. – Cela pose un problème/Le problème posé n'a pas été résolu. – Ils ont cessé le combat, mais le problème demeure.

17
• À travers le rock, les gens transcendent leurs propres racines culturelles. – C'est grâce au rock que les gens transcendent leurs propres racines culturelles. – L'intérêt du rock c'est de permettre aux gens de transcender...
• Les trois quarts des conflits sur la planète sont dus à la religion. – C'est à cause de la religion qu'existent les trois quarts des conflits de la planète. – C'est pour des raisons religieuses qu'ont lieu les trois quarts des conflits de la planète.
• C'est parce que nous approchons de l'an 2000 qu'il se passe quelque chose dans la tête des gens. – Le fait que

nous approchons de l'an 2000 produit certains effets dans la tête des gens. – Étant donné que nous approchons de l'an 2000, on constate qu'il se passe quelque chose...

18 1. le ciel peut s'associer avec tous les adjectifs de la liste.
le toit : bleu/noir/calme
l'arbre : bleu/noir/glacé/calme
le ciel/le toit brille
les étoiles scintillent
l'arbre danse/est bercé
2. Le ciel glacé brille dans la nuit.
Le vent de la prairie berce les arbres.
Au loin, la forêt murmure.

19 1. calme : palme – noir : soir – nuit : pluie – ciel : miel – abeille : soleil – étincelle : belle
2. été : doré – bleu : cieux/yeux – toit : bois – forêt : palais – arbre : marbre – profond : blond
Extrait de *Sagesse* de Verlaine :
Le ciel est par-dessus le toit
Si bleu, si calme
Un arbre par-dessus le toit
Berce sa palme [...]

UNITÉ 2

Pour communiquer

1 **a.** 1. «Désolé, mon avion part à 20 heures, je ne serai pas au rendez-vous. »
Son avion part trop tard pour qu'il arrive au rendez-vous à l'heure.
2. «Chérie, ne m'attends pas pour dîner. J'ai une réunion ce soir. »
Il doit travailler plus tard que prévu au bureau : il a une réunion.
3. «Sympa ton invitation, mais je ne suis pas libre lundi.»
Elle est occupée lundi prochain.
4. «Cher ami, je regrette beaucoup. J'ai un empêchement de dernière minute.»
Elle s'excuse parce qu'elle a un empêchement. Elle ne pourra donc pas venir comme cela était prévu.
b. «Chérie ne m'attends pas pour dîner, j'ai une réunion ce soir.»
Cette justification semble être un prétexte parce que l'on entend des femmes rire et s'amuser. Le mari n'est donc pas à son travail.
c. Activité libre.

2 1. Voir modèle.
2. Ce matin, en plein centre de Londres, le quartier de la «city» était décoré de drapeaux rouge et blanc. Les Londoniens attendaient le chef du gouvernement pour l'inauguration de la banque royale. À son arrivée, le chef du gouvernement a été très applaudi par les Londoniens venus l'accueillir.
3. et 4. Réponses libres.

3 1. décrocher – 2. composer le numéro – 3. attendre le bip sonore – 4. laisser ses coordonnées – 5. laisser un message – 6. raccrocher – 7. rappeler.

4 1. Il/elle a laissé un message. – 2. Il/elle a laissé ses coordonnées. – 3. Il/elle a rappelé. – 4. Il/elle n'a pas attendu le bip sonore pour parler.

5 Réponses libres.

6 1. Je serai heureux(se) de célébrer avec vos amis cette promotion que vous méritiez bien ! Toutes mes félicitations et à vendredi, Dominique Est.

ou : Toutes mes félicitations pour votre promotion ! J'aurais aimé prendre un verre avec vous à cette occasion, mais malheureusement, je travaille jusqu'à 17 heures le vendredi... À bientôt et encore tous mes compliments, Claire Boli.
2. Bien sûr que nous viendrons vous écouter chanter le requiem de Cherubini ! Au 21 mars donc ! Bien amicalement : Fabienne et Achille.
ou : Quel dommage, nous ne sommes pas libres le 21 mars. Nous espérons que votre concert sera un succès. À bientôt.
3. Comme vous avez de la chance d'habiter ce très beau quartier ! Je serai ravi(e) de connaître votre nouvelle maison ! Au 21 décembre. Bien amicalement, Jacky.
ou : J'ai été très heureux(se) d'apprendre que vous aviez emménagé dans ce superbe quartier parisien ! J'aurais beaucoup aimé aller vous voir le 21 décembre, mais ce jour là, je serai en mission à Madrid. J'espère vous revoir bientôt. Tous mes vœux de bonheur dans votre nouvelle maison.

7 Voir les modèles de l'exercice 6.

8 1. Pierre n'est pas chez lui ou bien il est occupé, il a mis son répondeur.
2. Mais oui ! Nous sommes dimanche. Les grands magasins sont fermés jusqu'à lundi matin !
3. Le docteur ne reçoit pas aujourd'hui. Mais il y a un médecin de garde.
4. Les lignes téléphoniques sont saturées/encombrées. Il faut rappeler plus tard.
5. Il faut un peu de patience pour obtenir les services Télécom !
6. Il faut attendre ; tous les opérateurs sont occupés ou peut-être qu'ils prennent le café !
7. Décidément, il faut toujours attendre pour avoir des renseignements ! Ah dis donc ! Ça coûte cher d'appeler France-Télécom ! On ferait mieux de chercher le numéro dans l'annuaire !

9 1. Conduite non satisfaisante de B. La réaction satisfaisante pourrait être : – Moi aussi.
2. Conduite non satisfaisante de B. La réaction satisfaisante pourrait être : – Rien, merci, tout va très bien.
3. Conduite non satisfaisante de B. La réaction satisfaisante pourrait être : – Et vous, comment allez-vous ?
4. Conduite non satisfaisante de B. La réaction satisfaisante pourrait être : – Vous le trouvez vraiment bien ?
5. Conduite non satisfaisante de B. La réaction satisfaisante pourrait être : – Vous le voyez vert ? Moi je le vois plutôt bleu ou marron, je ne sais pas au fond !
6. Conduite qui n'est pas tout à fait satisfaisante. B. aurait pu dire : – Je n'ai pas vraiment envie de café en ce moment. J'ai peur de ne pas dormir ce soir.
7. Conduite non satisfaisante de A et B. A devrait dire : – C'est dommage que tu ne sois pas libre. B devrait dire : – Oui, ça tombe mal. Mais on aura l'occasion de se revoir, sûrement !
8. Conduite non satisfaisante de A et B. Il y a des objets qu'on n'offre pas en cadeau... Pour que la conduite soit satisfaisante, il faut que A offre un autre cadeau (du parfum, par exemple), B l'acceptera avec plaisir !
9. La conduite de B n'est pas satisfaisante. Il/elle devrait dire : – Oui, bien sûr. Avec plaisir ! Qu'est-ce que je peux apporter ? Le dessert ou du vin ?
10. La conduite de A est presque acceptable ! Mais A termine son compliment en rappelant à B son âge avancé... Ce n'est pas très gentil. Il aurait pu dire : – Vous êtes vraiment très bien, je vous assure !

10 1. Salutations attendues : Bonjour./Bonjour.
Salutations inattendues : Bonjour./C'est à cette heure là que tu arrives ?
Salutations acceptables : Bonjour./Bonsoir.

2. Compliments attendus : Elle est très bien votre veste./Vous la trouvez vraiment bien ?/Oui, elle vous va parfaitement./Ça ne fait pas trop moderne ?/Mais pas du tout ! Vous êtes très bien comme ça !
Compliments inattendus : voir le numéro 10 de l'exercice 9.
Compliments acceptables : Quelle élégance !/C'est rare, n'est-ce pas ?
3. Offres attendues : Tiens, c'est un petit cadeau./Oh ! merci, comme c'est gentil !
Réaction inattendue : Tiens, c'est un petit cadeau./Qu'est-ce que tu veux te faire pardonner ?
Réaction acceptable : Tiens, c'est un petit cadeau./ Tu as fait des folies ! Tu n'es vraiment pas raisonnable.
4. Invitations attendues : Tu viens au cinéma ?/Pas ce soir, j'ai du travail.
Réaction inattendue : Tu viens au cinéma ?/Je n'ai pas de temps à perdre et surtout pour voir tes navets habituels !
Réaction justifiée : Tu viens au cinéma ?/J'aimerais bien mais je dois absolument finir un travail ce soir.

11 1. Quel dommage ! Mais j'ai invité des amis à dîner, ce soir là. – 2. C'est très gentil mais je tiens à payer moi-même mes vacances ! C'est un principe que mes parents m'ont donné et je veux l'appliquer. – 3. J'aurais voulu vous aider mais je garde les enfants de ma sœur. – 4. Les animaux domestiques sont interdits dans mon immeuble. – 5. J'aurais bien aimé vous rendre ce service mais je pars en vacances à la même époque que vous. – 6. Je peux travailler le premier week-end mais pas les deux autres. J'attends des amis brésiliens et je ne peux pas les laisser seuls pendant le week-end, ce ne serait pas correct. – 7. Ce dimanche, j'ai un match de tennis. C'est très important pour mon club. Je ne peux pas les laisser tomber. – 8. Ma moto/ma voiture n'est assurée que pour un seul conducteur, c'est à dire que mon assurance ne fonctionnera pas pour quelqu'un d'autre que moi.

Entraînement

1
rappeler	refaire
revoir	récouter
reprendre	racheter
redire	recommencer

2 1. Cela me ferait plaisir que tu m'écrives plus souvent.
2. Je voudrais que tu viennes avec moi au concert dimanche prochain.
3. J'aimerais bien que tu sois à l'heure au rendez-vous ce soir.
4. Je souhaite que nous sortions ensemble plus souvent.
5. Je voudrais bien que tu fasses partie de l'équipe de basket.
6. J'aimerais bien aller à la piscine après les cours.
7. Je voudrais que tu prennes quelques jours de vacances !
(une femme parle à son mari)

3 1. Il n'y a que vous Jacky qui **puissiez** me rendre heureux !
2. Mais Pierre, il n'y a que mon travail qui **soit** important pour moi !
3. Vraiment Jacky, il n'y a que votre travail qui **puisse** compter pour vous ?
4. Mais en ce moment, il n'y a que cela qui **puisse** m'intéresser !
5. Alors, attendre, il n'y a que cela que je **puisse** faire ! Attendre.

4 1. Il se peut que Georges Simenon **soit traduit** en espagnol, je vais me renseigner.
2. C'est bien possible qu'il y **en ait** un.
3. Peut-être qu'il **y en a**... mais je crois qu'il y en a au Centre Pompidou !
4. C'est bien possible que Paul Delvaux **ait connu** André Breton parce qu'il est venu à Paris.
5. Peut-être que oui ; il suffit de demander à la bibliothécaire.

5 exister : un lien/une frontière/une différence/un rapport/un plaisir/ une souffrance à + infinitif
s'effacer de : la mémoire/du souvenir
comporter : un plaisir/une souffrance/un désagrément
constituer : un lien/une frontière
Exemples de phrases : Il existe de grandes différences entre ces deux pays. – Ce souvenir s'est effacé de ma mémoire. – La vie en commun comporte des plaisirs et des désagréments. – La connaissance d'une langue étrangère constitue un lien avec le pays où elle est parlée.

6 • Bien que les habitants de Bruxelles soient en majorité francophones, la ville, qui est située en Flandre, est bilingue. – La capitale de la Belgique, Bruxelles, est située en Flandre et c'est une ville bilingue, bien que ses habitants soient en majorité francophones.
• Les ouvrages de Simenon ont un climat psychologique très apprécié de ses lecteurs. – Les lecteurs de Simenon apprécient beaucoup le climat psychologique qu'il donne à ses ouvrages.
• Il est possible que je sois surréaliste, je ne dis pas non, mais... – Il paraît que je suis surréaliste, je ne dis pas non, mais...
Personne ne sait goûter mieux que moi l'agrément que comporte la séparation d'avec une femme. – Je goûte mieux que personne l'agrément qu'il y a à se séparer d'une femme.

7 1. la rue : déserte/grise/sombre
la ville : grise/sombre/éclairée/déserte/morte
les pavés : mouillés/gris/luisants
L'espoir disparaît./Les pavés luisent sous la pluie./La pluie efface les ombres./La guerre efface l'amour.
2. Ton ombre s'est effacée dans la nuit grise. – J'ai couru dans la rue déserte. – J'ai crié ton nom dans la ville morte.

8 1. disparu : déçu – guerre : terre – éclairé : aimé/crié – volet : violet – effacé : crié/aimé
2. amour : (on dit : «amour rime avec toujours»)/troubadour – pluie : ennui/bruit – pavés : mouillés – désert : amer/fer – sombre : ombre/pénombre – disparaître : naître/traître.
Voir le début du poème *Barbara* de Prévert (© Gallimard, 1972), qu'Yves Montand a interprété.

UNITÉ 3

Pour communiquer

1 1. «Mais qu'est-ce que les jeunes ont dans la tête ?» : a) deux vieux sur le banc d'une place publique – b) une place publique autour de laquelle des jeunes font de la moto – c) le vieux monsieur manifeste des reproches contre les jeunes qui font trop de bruit avec leur moto (le sentiment exprimé pourrait-être aussi de la colère contre les jeunes).
2. «Et elle habite toujours chez ses parents ?» : a) peut-être deux femmes – b) au téléphone – c) la femme qui parle manifeste son étonnement à propos d'une jeune fille qui n'a pas encore son propre appartement et qui continue à vivre chez ses parents.
3. «Mon frère a 28 ans, et il habite encore à la maison. Mes parents en ont marre !» : a) une jeune fille et son ami(e) – b) dans la cour de récréation d'une école – c) elle est plutôt étonnée que son frère de 28 ans habite encore à la maison. Elle signale le mécontentement de ses parents.
4. «Il passe son temps à inviter des copains !» : a) un père de famille et son camarade/collègue – b) dans un café – c) il dit son mécontentement et même sa colère à propos de son fils.
5. «Moi, je m'entends bien avec mes parents. Ce qu'ils disent, c'est en général vrai.» : a) un jeune garçon et son voisin – b) dans un club de tennis. Ils regardent un match –

c) le jeune garçon montre sa satisfaction. Il est content de ses parents et il est heureux avec eux.

2
a. 1. Décidément – 2. Au moins – 3. Quand même ! – 4. Ailleurs ! – 5. Dans le fond – 6. Surtout ! – 7. Dans le fond – 8. Sauf si – 9. Décidément ! – 10. Au moins !
b. 1b – 2g – 3e – 4c – 5a – 6f – 7d

3
Les réponses données correspondent à la culture française :
1. être privé de dessert est une sanction substantielle pour un enfant ; être privé de cinéma ; être privé d'argent de poche.
2. Le jour de son anniversaire, il est le centre d'intérêt de toute sa famille. Il occupe la place d'honneur à table. Le jour de sa communion on lui met des habits de cérémonie, ces vêtements lui donnent de l'importance, il est flatté.
3. être puni par son professeur ; recevoir une mauvaise note ; être mis en pénitence pendant la récréation, refaire un devoir bâclé.
4. être le «premier de la classe» ; recevoir une responsabilité : représenter ses camarades au conseil de l'école ; remplacer le professeur quand celui-ci doit s'absenter momentanément ; recevoir des prix à la fin de l'année.
5. recevoir une contravention ; être mis en prison ; payer une indemnité à quelqu'un ; passer devant le tribunal correctionnel.
6. recevoir la légion d'honneur/être décoré ; recevoir le prix Nobel ; être invité à la télévision/passer à la télévision ; être reçu à l'Élysée.
7. personne ne lui parle plus/personne ne vient plus chez elle/ personne ne veut d'elle dans la société ; on se moque publiquement d'elle.
8. il est renvoyé de son lieu de travail ; on l'évite ; on ne veut pas le connaître ; on n'apprécie pas sa situation économique et sociale ; on le méprise.

4
Les réponses proposées concernent plutôt la France :
1. on sanctionne – 2. on récompense – 3. ni l'un, ni l'autre – 4. on sanctionne, sauf s'il devient un grand artiste ! – 5. on sanctionne – 6. on sanctionne – 7. malheureusement, on récompense ! – 8. on sanctionne – 9. malheureusement, on admire ! – 10. on récompense mais on ne sanctionne pas nécessairement son ex-mari.

5
Discussion en classe et comparaison avec votre propre culture.

Entraînement

1
Éric est sorti de l'appartement *en claquant* la porte. – 2. Pierre et Michel ont discuté *en prenant* un apéritif. – 3. Pierre a parlé *en servant* un verre à Michel. – 4. Ils ont parlé de leur jeunesse *en riant* du passé. – 5. Pierre a quitté l'appartement *en disant* qu'il ferait réparer la porte.

2
1. Le gérondif se forme à partir de la première personne du pluriel de l'indicatif présent.
2. Le gérondif est une forme verbale invariable.
3. Oui, le gérondif peut avoir un complément (exemple : en **le** lisant et en **le** buvant).
4. Le complément se place entre les deux éléments du gérondif.

3
1. avoir/nous avons – 2. être/nous sommes – 3. savoir/nous savons – 4. boire/nous buvons – 5. apercevoir/nous apercevons – 6. voir/nous voyons – 7. comprendre/nous comprenons – 8. finir/nous finissons.

4
1. temps et manière – 2. temps – 3. temps et manière – 4. manière – 5. temps – 6. manière – 7. temps.

5
1. Il s'est brûlé en allumant la lumière. – En se brûlant, il a crié de douleur. – En criant, il a alerté ses voisins.
2. Les voisins entrent en forçant la porte. – En entrant, ils voient l'homme allongé par terre. – Ils demandent de l'aide à la police en composant le 17.
3. Le blessé se réveille en entendant ses voisins parler. – En se mettant difficilement debout, il apprend que la police va arriver.
4. Tout en aidant le blessé à s'asseoir, les voisins lui cassent le bras. – Ils le réconfortent tout en appelant une ambulance.
5. En arrivant, les policiers demandent des explications. – Les ambulanciers entrent en courant. – Ils repartent en emportant le blessé. – Un policier se brûle à son tour en voulant allumer la lumière. – En le voyant tomber, ses collègues crient de surprise. – En attendant une nouvelle ambulance, ils appellent un électricien de toute urgence.

6
1. moins/que – 2. moins de/qu' – 3. plus d' – 4. plus/de – 5. plus/moins de/que/plus d'/plus que – 6. plus/que/plus de/que.

7
Production libre.

8
a. études : étudier/arrêter ses études/sélectionner/prolonger ses études/être en médecine/après son bac/passer le DEUG/licence/ diplômes/études/profs.
b. emploi : trouver un emploi/gagner à peine/travailler à plein temps/essayer de convaincre un patron/sélectionner/entrer dans un monde où tout est dur/cadres supérieurs/profs/donner des cours en fac.
c. logement : se loger/héberger/habiter/garder à la maison/vivre avec une copine/rester à la maison/détester sortir/attirer ses copains à la maison.

9
Exercice libre mais on pourrait obtenir : Mes parents n'ont pas étudié aussi longtemps que moi. Moi, je prolongerai plus longtemps mes études . Mes parents ont trouvé facilement un emploi, ils ont gagné leur vie plus vite que moi. De leur temps, il y avait moins de sélection que maintenant. Aujourd'hui, la sélection est beaucoup plus dure qu'autrefois. Moi, je resterai habiter chez mes parents plus longtemps. Eux, ils se sont logés plus vite. De leur temps, on avait moins de diplômes mais il y avait beaucoup plus d'emplois qu'aujourd'hui. Je pense que je gagnerai moins d'argent qu'eux mais je resterai jeune plus longtemps peut-être.

10
1e et 1g – 2f et 2h – 3b, 3c et 3e – 4a, 4d et 4e – 5b et 5e.

11
1. c'est-à-dire qu'ils *consacrent* beaucoup de temps à leurs enfants. – 2. c'est-à-dire qu'ils les *poussent* à faire du sport/ qu'ils les *stimulent* pour qu'ils fassent du sport. – 3. c'est-à-dire qu'ils *font attention* à leurs fréquentations. – 4. c'est-à-dire qu'ils leur *défendent* de fumer. – 5. c'est-à-dire qu'elle le *protège contre* l'environnement souvent agressif.

12
1. 78 % (une grande majorité) – 2. 59 % (une majorité appréciable) – 3. 38 % (un pourcentage non négligeable) – 4. 17 % (un faible pourcentage) – 5. 28 % (une minorité).

13
1. Mon père n'a pas son bac et pourtant il gagne beaucoup d'argent./Même si mon père n'a pas son bac, il gagne beaucoup d'argent./Mon père n'a pas son bac mais il gagne […].
2. Elle dit qu'elle ne supporte pas ses parents et pourtant elle habite chez eux./Même si elle dit qu'elle ne supporte pas ses parents elle habite chez eux./ Elle dit qu'elle ne supporte pas ses parents mais elle habite chez eux.

3. Cécile est très prise par ses études et pourtant elle garde des enfants le soir./Même si Cécile est très prise par ses études elle garde des enfants le soir./Cécile est très prise par ses études mais elle garde des enfants le soir.
4. Erwan a le Bac + 3 et pourtant il ne trouve pas de travail intéressant./Même si Erwan a le Bac + 3, il ne trouve pas de travail intéressant./ Erwan a le Bac + 3 mais il ne trouve pas de travail intéressant.
5. Même si les conflits de génération n'ont pas disparu, on les évite en n'en parlant pas.

14
stimuler : la jalousie – le plaisir – l'enthousiasme – l'appétit – le désir
fournir : le moyen – l'occasion – un prétexte
susciter : la jalousie – l'enthousiasme – l'admiration
s'élever contre : l'injustice
donner : le moyen – le/du plaisir – l'occasion – un prétexte – de l'enthousiasme – de l'appétit – le désir
Exemples de phrases : Ce médicament stimule l'appétit. – Cela m'a fourni un prétexte pour partir. – Cet homme suscite l'enthousiasme des foules. – Il s'est toujours élevé contre l'injustice. – Il ne s'est pas donné les moyens de réussir et on ne lui en a pas donné l'occasion.

15
• Les femmes ne sont pas les seules à savoir élever leurs enfants et leur donner des soins quotidiens. – Savoir élever les enfants et leur donner des soins quotidiens n'est pas le seul fait des femmes.
• Beaucoup de jeunes s'enthousiasment pour sauver la Terre. – L'enthousiasme de beaucoup de jeunes vise à sauver la Terre.
• Peut-on vaincre les inégalités sociales par la charité ? – Les inégalités sociales peuvent-elles être vaincues par la charité ?
• Beaucoup de jeunes se sont élevés contre les réformes visant à introduire la sélection à l'université. – L'introduction de la sélection à l'université a suscité le mécontentement de nombreux jeunes.
Bien que les parents trouvent souvent le frigo vide, ils ne sont pas mécontents d'avoir l'affection des enfants. – Les parents sont heureux d'avoir l'affection des enfants, même s'ils trouvent souvent le frigo vide.

16
1. la famille : fidèle/douillette/joyeuse
la paix des foyers, la paix du cœur, la paix du matin/du soir
l'ennui mortel, l'ennui des foyers clos, l'ennui des matins gris
2. Les soucis de la vie s'oublient en famille. – Les cœurs rebelles s'ennuient en famille.
3. Araignée du matin, chagrin,
Araignée du midi, souci
Araignée du soir, espoir.

17
1. berceau : cadeau – famille : gentille – chagrin : câlin – tranquille : ville – paix : frais – foyer : bébé
2. baisers : volés – bonheur : honneur – nid : joli – ennui : pluie – matin : chagrin – souci : merci

UNITÉ 4

Pour communiquer

1
1. «Vous avez fait bon voyage ?» : a) une jeune fille qui est venue attendre ses parents – b) à l'aéroport – c) de la qualité du voyage – d) accueillir quelqu'un qui revient de voyage.
2. «Comment ça s'est passé ?» : a) un jeune garçon qui vient chercher son copain à l'aéroport. Son copain revient peut-être d'un pays très lointain (Antarctique ?) – b) à l'aéroport – c) du séjour dans le pays lointain – d) demander des nouvelles/s'informer.

3. «Vous n'avez pas eu de problèmes ?» : a) une femme très distinguée à son voisin – b) dans l'avion qui est sur le point de partir – c) du passage à la douane – d) se montrer coopératif/s'informer.
4. «Tout s'est bien passé ?» : a) un homme d'affaires qui vient accueillir son collaborateur – b) à l'aéroport – c) des négociations entre deux entreprises : l'entreprise du Français et celle d'un pays étranger (le Japon, peut-être ?) – d) s'informer/prendre des nouvelles.
5. «On est parti avec une heure de retard.» : a) un homme qui explique son retard à sa femme venue l'attendre – b) à l'aéroport ou à la gare – c) du retard de l'avion ou du train – d) s'expliquer/se justifier.
6. «J'ai failli manquer l'avion. J'avais oublié mon passeport.» : a) un jeune homme qui vient de monter dans l'avion – b) l'avion est sur le point de partir – c) le jeune homme explique son retard soit à l'hôtesse de l'air, soit à un ami avec qui il va voyager – d) s'expliquer/se justifier.

2 Réponses individuelles.

3 Réponses individuelles.

4 Réponses à discuter en classe.

5
1. Exemple de réponse : L'employé américain a sa spécialité dans l'entreprise. Il ne s'occupe que de sa spécialité. Il ne sait pas obligatoirement ce que font ses collègues.
L'Américain n'invite pas ses intimes dans son bureau. Il travaille seul. Il ne mêle pas ses affaires personnelles à sa vie de travail. L'Américain a besoin d'explications très détaillées avant de pouvoir accomplir son travail : il est monochrone.
Le petit commerçant français est polychrone parce qu'il gère/organise plusieurs choses à la fois : vendre, acheter, payer ses impôts, discuter avec le comptable, rédiger sa correspondance. Il n'est pas rare non plus qu'un ami ou deux passent chez le petit commerçant pour lui tenir compagnie pendant qu'il travaille.
Les méridionaux sont toujours accompagnés de leurs intimes. Ils s'occupent aussi bien de leurs affaires publiques que de leurs affaires familiales ou amicales dans leurs bureaux. Ils prennent le thé ou le café «comme à la maison» avec leurs clients. Ils font souvent plusieurs choses à la fois (commerce, politique, discussion amicale, problème familial...).
2. Si une monochrone épousait un polychrone, la vie serait très difficile pour la femme ! En effet, la femme monochrone fixe une fois pour toute l'heure des repas, l'heure des rendez-vous, etc. Mais son mari polychrone n'est jamais là ! Il a toujours quelqu'un avec qui il doit faire une affaire ou qui a besoin de lui ! Le mari polychrone peut aussi amener plusieurs clients dîner à la maison sans même avertir sa femme ! Celle-ci ne supporte pas ce manque d'organisation !

6 Réponses libres.

Entraînement

1
1. est allée – 2. est partie/voulait – 3. a rencontré – 4. se sont plus/se sont vus – 5. a proposé/était/a accepté – 6. se sont amusés/ont fait – 7. était/était/a pensé/pouvait – 8. a fallu/ commençaient/a hésité/a fallu/devait – 9. a demandé/a accepté/voulait/était – 10. se sont mis – 11. se sont retrouvés – 12. avait du retard/était pas inquiète/savait/avait – 13. est arrivé/avait/avait du retard – 14. accompagnait/a été surprise/savait/était – 15. a fait/a/fait.

2
1. sont venues/sont descendues/était – 2. ont décidé/prenaient/lisaient/plaisaient – 3. sont tombées – 4. louait/était – 5. se sont précipitées/était/étaient – 6. ont attendu – 7. est

arrivé/a ouvert – 8. ont expliqué/venaient – 9. a demandé/pouvaient – 10. ont accepté.

3
1. se trouvait – 2. a proposé – 3. avait/a perdu – 4. a annoncé/était – 5. ont trouvé/voulaient/n'ont rien dit – 6. a précisé/devaient – 7. ont trouvé/ont demandé/pouvaient – 8. a répondu/ était/était – 9. ont accepté – 10. pouvaient/fallait/étaient/ont préféré.

4
1. était/garait/regardaient – 2. sont entrés/avait/était/ont attendu – 3. se trouvait – 4. a ouvert/a fait – 5. ont pris/était/ avait – 6. étaient/riaient – 7. a été signé/ont été payés/a donné/étaient – 8. se sont installées/ont fait – 9. dormaient/a essayé – 10. a réveillées/ont eu/ont entendu.

5
1. allait et venait/était – 2. se sont levées/sont allées – 3. ont vu/ retirait/avait – 4. a crié/tremblaient/pouvaient – 5. a demandé – 6. ont crié/ont permis – 7. a loué/a loué – 8. ont montré/ont précisé/avaient payé – 9. était allée/avait quitté/ avait offert/avait accepté/ était tombée/avait dû/n'avait pas pu – 10. avait profité/avaient perdu/sont allées/avait disparu !

6
1.avait quitté (ou a quitté) – 2. devait – 3. avait garé (ou a garé) – 4. était/avait/était/devait/attendait – 5. avait duré (a duré)/était retourné/s'était garé/avait disparu – 6.avait volé – 7. est allé – 8. a signé/avait laissé/aimait – 9. ont été/ont voulu – 10. a expliqué/était/ avait été donné/ pleuvait/ avait/avait donné/avait gardé.

7
1. c'est un Canadien qui – 2. c'est/qui – 3. c'est/que – 4. c'est/dont – 5. c'est/dont – 6. c'est/que – 7. c'est/dont – 8. c'est/que – 9. c'est/dont – 10. c'est/que/dont.

8
1. Fonctions dans l'entreprise : président directeur général/directeur général/directeur de section/ingénieur/technicien/secrétaire bilingue/ employé/manutentionnaire.
Catégories sociales : cadre supérieur/cadre moyen/ employé.
2. Voir le classement au numéro précédent.
3. Siège de la société/section/département/bureaux.
4. Pour un cadre supérieur, j'aimerais qu'il ait l'esprit d'entreprise, qu'il soit compétitif, qu'il soit objectif, qu'il ait une certaine maturité. – Pour un cadre moyen, j'aimerais qu'il soit performant, qu'il soit fiable, qu'il ait une bonne écoute des autres, qu'il soit rapide. – Pour un directeur de section, j'aimerais qu'il soit très responsable, qu'il soit solidaire des autres sections, qu'il soit tolérant avec ses employés et qu'il soit, bien sûr, honnête. – Pour un ingénieur, j'aimerais qu'il ait une forte créativité, qu'il soit fidèle, qu'il ait une bonne mémoire et qu'il ait une certaine agressivité. – Pour une secrétaire, j'aimerais qu'elle soit compétente, fiable, qu'elle soit de bonne humeur et qu'elle ait beaucoup de gentillesse.
5. Production libre et individuelle.
6. Idem.

9
1.

passé simple :	imparfait :
accoucha	habitaient
eus	étais
vins	empêchait
m'infligea	
berça	
donna	
sembla	

passé composé :	présent :
a souvent conté	est située
s'est effacée	est transformée
ai été	domine
suis né	aperçoit
ai traîné	s'étend
	voit

2. a C'est le passé composé. – b. C'est le passé simple. c. a accouché/j'ai eu/je suis venu/m'a infligé/m'a bercé/m'a donné/a semblé. – d. Les parents de Chateaubriand habitaient une maison dans cette petite rue sombre et étroite qui s'appelait la rue des Juifs. Aujourd'hui, comme vous le voyez, cette maison est transformée en auberge. La chambre où la mère de Chateaubriand a accouché domine les murs de la ville…
Chateaubriand a eu pour parrain son frère et pour marraine une comtesse. Il paraît qu'il était presque mort quand il est venu au monde et que la tempête empêchait d'entendre ses cris. Les circonstances de sa naissance ont été particulièrement tragiques et Chateaubriand a toujours pensé que c'était un signe de son destin.

10
1. de ruisseaux et de rivières – 2. vive – 3. verte et claire – 4. anonyme/toutes les – 5. le ruisseau de chez nous/l'eau de chez nous – 6. qui coule/qui mène à la vie/qui verdit les prés – 7. au bord d'/le long des berges/ dans le sens de l'eau qui coule/près de la rivière/près d'un ruisseau.

11
Production libre.

12
1. Oui, il **y** a étudié longtemps. – 2. Oui, il leur **en** a parlé. – 3. Oui, il **y** a travaillé mais il ne s'entendait pas bien avec son patron. – 4. Non, il n'**y** est pas resté longtemps parce qu'il ne s'entendait pas avec son patron. – 5. Il **y** est resté 6 ans. – 6. Oui, il **en** vient directement. – 7. Oui il **en** est responsable depuis peu de temps. Il vient d'être nommé à ce poste.

13
1. a) J'aurais pris le train, je l'avais ! – b) Si j'avais pris le train, je ne l'aurais pas raté.
2. a) Tu serais arrivé une demi-heure plus tôt, tu les voyais. – b) Si tu étais arrivé une demi-heure plus tôt, tu les aurais vus !
3. a) Vous auriez donné une heure de plus, nous terminions notre test ! – b) Si vous nous aviez donné une heure de plus, nous aurions pu terminer notre test !
4. a) Tu aurais laissé le gâteau un quart d'heure de moins dans le four, il était parfait ! – b) Si tu avais laissé le gâteau un quart d'heure de moins dans le four, il aurait été parfait !
5. a) J'aurais travaillé plus, j'avais une mention bien ! – b) Si j'avais travaillé plus, j'aurais eu une mention bien !
6. a) Nous aurions joué plus souvent ensemble avant le match, on pouvait gagner. – b) Si nous avions joué ensemble plus souvent avant le match, nous aurions pu gagner !
7. a) Je ne me serais pas couché(e) à 10 heures du soir, je pouvais voir ce film merveilleux ! – b) Si je ne m'étais pas couché(e) à 10 heures du soir, j'aurais pu voir ce film merveilleux.

14
Proposition de texte : Nous nous entendions bien. Mon père était resté jeune d'esprit et de corps. Nous nous parlions le soir. Il me racontait ses aventures avec les femmes et sans bien comprendre, j'aimais cette complicité que nous avions. L'été, nous nous rencontrions selon un rythme différent. Moi, j'avais mes propres aventures qui m'occupaient aussi. Alors, parfois nous nous téléphonions puisque nous ne pouvions pas nous voir, simplement pour nous dire que nous nous aimions.

15
C'était un Breton qui revenait [...]
Après avoir fait [...]
Il se promenait [...]
Il ne reconnaissait personne
Personne ne le reconnaissait
Il était très triste
Il est entré dans une crêperie [...]
Mais il ne pouvait pas en manger
Il y avait quelque chose qui les empêchait de passer
Il a payé

Il est sorti
Il a allumé une cigarette
Mais il ne pouvait pas la fumer
Il y avait [...]
Il était de plus en plus triste
Et soudain il s'est mis à se souvenir
Quelqu'un lui avait dit quand il était petit
«Tu finiras sur l'échafaud»
Et [...]
Il n'avait jamais osé rien faire
[...]
Il s'est souvenu
Celui qui avait tout prédit c'était l'oncle Grésillard
L'oncle Grésillard qui portait malheur
[...]
Et le Breton a pensé à sa sœur
Qui travaillait [...]
A pensé à toutes les choses qu'il avait vues
Toutes les choses qu'il avait faites
La tristesse s'est serrée contre lui
Il a essayé une nouvelle fois
[...]
Mais il n'avait pas envie de fumer
Alors il a décidé d'aller voir [...]
Il y est allé
Il a ouvert la porte
L'oncle ne l'a pas reconnu
Et il lui a dit :
[...]
Et il lui a tordu le cou
Et il a fini sur l'échafaud [...]
Après avoir mangé deux douzaines de crêpes
Et fumé une cigarette.

16 obtenir : un renseignement/une confirmation/l'indépendance
conserver : sa jeunesse/son identité
revendiquer : l'indépendance/la justice/la liberté
supporter : la solitude/la bêtise
se féliciter : d'un succès
infliger : un châtiment/une peine
Exemples de phrases : Après avoir revendiqué leur indépendance pendant de longues années, ces populations ont fini par l'obtenir. – Il est plus facile de conserver son identité que sa jeunesse. – Étant donné que je ne supporte pas la bêtise, j'ai préféré la solitude. – Il s'est félicité de la réussite financière de son ex-femme, car il n'a pas eu besoin de lui verser une pension. – En la quittant , il lui a infligé la peine la plus dure pour elle : la solitude.

17 ● Bien que le Canada ait une immense superficie, il est peu peuplé... – La population du Canada est peu importante/faible : vingt-cinq millions d'habitants... et pourtant le pays a une superficie immense.
● C'est au Québec que vivent la majorité des francophones, mais il existe des communautés... – On rencontre des communautés de langue française dans toutes les provinces du Canada, cependant la majorité des francophones vivent au Québec.
● Le climat canadien est continental, avec de longs hivers très enneigés, d'où l'intérêt des Canadiens pour les sports sur glace. – Les Canadiens s'intéressent beaucoup aux sports sur glace à cause des longs hivers enneigés dus au climat continental.
● Au Canada on trouve aussi des territoires encore sauvages et peu peuplés, etc. – Le castor et l'ours noir vivent en liberté au Canada dans des territoires encore sauvages et peu peuplés, mais accessibles aux touristes.
● Les Québécois parlent entre eux un argot qui s'appelle le joual, c'est pourquoi ils ne sont pas tout de suite compris par un Français de France. – La raison pour laquelle les Canadiens ne sont pas tout de suite compris par un Français de France, c'est qu'ils parlent entre eux le joual.

18 1. le feu : brûlant/tiède
la fenêtre : fermée
la neige : froide/glacée/en flocons
2. Derrière la fenêtre fermée, la silhouette solitaire rêve/soupire – Les braises brûlantes rougissent dans la cheminée. – Le bonheur est derrière la fenêtre. – La neige tombe en gros flocons.

19 1. soir : boire – maison : raison – joie : bois – glaçon : chanson – braise : apaise – flamme : âme
2. jalouse : épouse – douce : rousse – colère : misère – peur : horreur – naître : connaître – rien : viens

UNITÉ 5

Pour communiquer

1 Employé de l'administration : Vous êtes en infraction. – Monsieur, c'est le règlement. – Nul n'est censé ignorer la loi. – Non mais, c'est une plaisanterie ou quoi ?
Administré ou client : Mais on ne m'a pas prévenu ! Je ne savais pas. – Je trouve ça inadmissible. – C'est quand même un peu fort, non ? – Je refuse de payer.
Premier énoncé : dans la rue – pendant la nuit – un conducteur a brûlé un feu rouge et a été sifflé par un policier de garde. – «Vous êtes en infraction.»
Dernier énoncé : dans un bureau de l'administration – pendant les heures de travail – une jeune employée tape à la machine ; elle pense avoir presque fini son travail. Tout à coup, un autre employé lui apporte un nouveau tas de lettres à taper. La jeune femme n'est pas contente. – «Non mais c'est une plaisanterie ou quoi ?»

2 1. ne quittez pas – 2. pourriez-vous me passer le service des micro-films, s'il vous plaît – 3. ce n'est pas mon service – 4. je suis bien au service des micro-films ? – 5. je suis désolée, je ne peux pas vous répondre – 6. je vais vous passer le service compétent.

3 1. La somme de 617,43 F. a été mise deux fois dans la colonne débit. Cette somme versée en espèce le 12/12/90 devrait se trouver dans la colonne crédit. Le client ne doit donc pas 1.346,04 F. mais uniquement 111,18 F.
2. Monsieur, j'ai reçu mon relevé de compte sur lequel il apparaît que je vous dois la somme de 1346,04 francs.
Vous comprendrez aisément que je suis très étonné(e) de constater que vos services ne savent pas même faire la différence entre le débit et le crédit d'un compte... Vous pourrez vérifier par vous-même que la somme de 617,43 francs que j'ai versée en espèces à votre agence a été débitée et non pas créditée sur mon compte...
Je ne vous dois que 111,18 francs que je vous expédie ci-joint.
Il m'est difficile de vous faire des compliments sur l'efficacité et les performances de vos employés.
Salutations distinguées : G. Renard

4 Proposition d'article journalistique : Décidément l'administration est incompréhensible ! Dernièrement une vieille dame de 72 ans, Paulette Mouchette, avait fait une demande d'aide auprès de la caisse d'allocations familiales.
En effet, étant sérieusement handicapée, elle ne pouvait plus vivre chez elle et elle avait loué une chambre chez des particuliers qui s'occupaient de la soigner. Comme ses revenus sont très limités, Paulette pensait pouvoir recevoir une aide de la caisse d'allocations familiales. Pour prouver que ses revenus sont effectivement très modestes, Paulette a signalé à l'administration qu'elle devait partager sa chambre avec une autre personne âgée, soit 10,90 m² pour deux vieilles dames...

Or, la caisse d'allocations familiales lui a répondu qu'elle n'avait droit à aucune aide tout simplement parce que sa chambre était trop petite !

Si Paulette avait eu une chambre de 16 m² pour deux, alors l'administration aurait pu accepter sa demande. En fait, Paulette est réellement trop pauvre pour être aidée !

On voit bien que ce ne sont pas des gens comme Paulette qui font les lois mais des gens qui s'occupent de logements si spacieux qu'ils ne peuvent même pas imaginer que deux petites vieilles n'occupent que 10,90 m² !

5 Voir *Livre de l'élève*, p. 131.

6 Réponses libres.

7 Réponses libres.

Entraînement

1 1. a eu/avait pris – 2. a reçu/avait composté – 3. a été arrêté/était sorti – 4. était sorti/avait dit/était – 5. s'est plaint/avait eu – 6. allait/a répondu/ étaient/a expliqué/fallait/venaient – 7. a fait remarquer/avait eu – 8. s'était fait arrêter – 9. était arrivé/découvrait (avait découvert)/était – 10. écoutait/a raconté/avait eu/ avait pris/conseillait.

2 1. sera descendu/ira – 2. aura dit/demandera – 3. aura rempli/ dira – 4. se sera habitué/oubliera – 5. sera retourné/racontera – 6. aura compris/préviendra – 7. verrez/aurez vécu/croirez – 8. vous serez fait arrêter/trouverez – 9. aurez reçu/vous plaindrez – 10. aurez fait la queue/serez énervé. – 11. vous serez promené/ferez/ vous moquerez.

3 1. pour avoir téléphoné – 2. pour être allé – 3. pour avoir laissé – 4. pour avoir improvisé – 5. pour s'être engagé – 6. pour s'être introduits/s'être installés – 7. pour avoir bu – 8. pour s'être battus.

4 Production libre.

5 1. parce qu'il n'avait pas pris de billet/pourtant il avait pris un billet – 2. parce qu'il n'était pas au courant/pourtant il était au courant – 3. parce que le contrôleur n'était pas poli/pourtant le contrôleur était poli – 4. parce que le train n'était pas à l'heure/pourtant le train était à l'heure – 5. parce qu'il ne connaissait pas le pays/pourtant il connaissait le pays – 6. parce qu'/pourtant – 7. parce que le service n'est pas parfait/pourtant le service est parfait – 8. parce que les voyageurs se plaignent/pourtant les voyageurs se plaignent – 9. parce que la ligne aérienne ne fonctionnait pas/pourtant la ligne aérienne fonctionnait – 10. parce qu'il n'apprécie pas le TGV/pourtant il apprécie le TGV.

6 Voir corrigé de l'exercice précédent.

7 1. grâce au – 2. à cause du – 3. à cause de l' – 4. à cause de la – 5. grâce à l' – 6. à cause des – 7. grâce au – 8. à cause du – 9. à cause des – 10. à cause des.

8 1. Les verbes du «dire» : se proclamer, se dire, parler, dénigrer, déclarer, s'adresser.
Les verbes de «l'être» ou de «l'avoir» (état ou sentiment) : adorer, détenir, détester, se croire, répugner, avoir du respect, être sous le charme, se contenter, savoir recevoir.
Les verbes du «faire» : placer son argent, passer en fraude, se retirer, faire une petite belote.
2. Ces «faire» laissent penser que la personne ne fait pas grand chose d'utile pour la société !

3. Les verbes du «dire» montrent une réelle activité liée à [la] parole.
4. Attitude positive : adorer, détenir, avoir du respect, êtr[e] sous le charme, savoir recevoir. – Attitude négative : détes[ter], se croire, répugner, se contenter.

9 Voir le corrigé de l'exercice précédent ; mais cet exercic[e] est évidemment très libre.

10 Production libre et individuelle.

11 1. Quel dommage, maman, que tu ne puisses pas venir ! 2. C'est dommage que vous ne puissiez pas venir, l[e] temps est magnifique et tout le monde vous attendait ave[c] impatience ! – 3. C'est regrettable que vous ne puissie[z] pas nous rendre la voiture demain comme prévu car nou[s] devons conduire notre fils à l'aéroport ! – 4. Quel dommag[e] que le bureau soit fermé si tôt ! – 5. C'est dommage que t[u] ne m'aies pas prévenu plus tôt...

12 1. Le facteur *n'ayant pas sonné* deux fois, il a cru qu'Amé[lie] lie était morte. – 2. Les volets *étant* clos, le facteur a cr[u] que... – 3. Le facteur *n'ayant fait aucune vérification*, il [a] apposé la mention «décédée»... – 4. *S'étant trompé*, [il] avoua son erreur. – 5. Le décès *ayant été enregistré* par le[s] banques, Amélie... – 6. Les gens *ne voulant pas* croir[e] Amélie, elle a dû... – 7. Les PTT *ayant reconnu* leu[r] erreur... Amélie a pu toucher sa pension.

13 1. avant de monter – 2. avant de sortir – 3. avant que vous n'obteniez/avant que vous n'ayez – 4. avant qu'il ne puisse – 5. avant qu'on ne réponde – 6. avant que l'opératrice ne vous renseigne – 7. avant que le serveur ne prenne – 8. avant d'être compris – 9. avant qu'ils ne deviennent.

14 1. je resterai en ligne *jusqu'à ce que j'obtienne* satisfaction. – 2. *j'attends que* vos services *répondent* à ma demande... – 3. *En attendant que* vous *trouviez* la personne responsable... – 4. je ne peux pas *attendre que* vous me *passiez* tous vos services – 5. Je vous en prie, j'*attends que* vous *cherchiez* dans vos dossiers... – 6. mais j'*attendrai jusqu'à ce que* le responsable... m'*informe* exactement de la situation.

15 tirer de l'encyclopédie – comporter une unité/plusieurs régions – viser la perfection/la réussite – répugner au mensonge – s'adresser au peuple – échanger des idées – vérifier une information – contempler un tableau – exiger la perfection/du courage.
Exemples de phrases : Cette idée est tirée de l'encyclopédie. – Ce pays comporte des régions administratives autonomes. – C'est un homme exigeant, il vise toujours la perfection.

16 • Puisqu'un Français n'est pas (déclaré) mort, on pourrait croire qu'il vit. – Si un Français n'a pas été déclaré mort, on pourrait croire qu'il est vivant.
• On avait classé ses dossiers parce qu'aucun organisme ne s'était donné la peine de vérifier son décès. – Puisqu'aucun organisme ne s'était donné la peine de vérifier son décès, ses dossiers avaient été classés.
• Les Croisades, en ouvrant le Languedoc à la Méditerranée, ont permis à ce pays de créer, au Moyen Âge, une civilisation originale. – C'est à cause des Croisades qu'au Moyen Âge le Languedoc a pu créer une civilisation originale en s'ouvrant à la Méditerranée. – L'ouverture du Languedoc à la Méditerranée sous l'influence des Croisades au Moyen Âge, a permis à ce pays de créer une civilisation originale.

17 1. la jeune fille : épanouie/parfumée/morte
le jardinier : le jardinier de l'amour
la rose :épanouie/fanée/parfumée/blanche/éternelle/
morte
cueillir la rose – attendre la mort – donner la vie – la jeunesse éternelle – la beauté du diable – les roses de la vie
2. La jeune fille attend l'avenir dans le jardin fleuri. – La vie n'attend pas. Les roses se fanent. – La rose n'est pas éternelle. La mort est blanche. – Le jardinier attend l'éternel retour du printemps.

18 1. vermeille : merveille – orange : étrange – fleuve : veuve – jardin : sapin – éternel : cruel – retour : amour
2. sommeil : pareil/abeille – séjour : retour/bonjour/toujours – sagesse : paresse – beauté : été – échange : ange – absence : sens
Extrait de *Mignonne, allons voir si la rose…* de Ronsard :

> Mignonne, allons voir si la rose
> Qui ce matin avait déclose
> De robe de pourpre au soleil
> A point perdu cette vesprée
> Les plis de sa robe pourprée
> Et son teint au vôtre pareil.

UNITÉ 6

Pour communiquer

1 1. Dans un bar à vin, une jeune femme goûte un verre de vin que vient de lui servir le Patron ; elle apprécie ce nouveau vin et le dit au Patron.
2. Dans un grand restaurant, le maître d'hôtel recommande un bon vin à ses clients. Il fait l'éloge d'un grand cru de Bourgogne, par exemple.
3. À la sortie d'une conférence à la Sorbonne, par exemple, un intellectuel donne son opinion sur la conférence à son ami(e). Il dit qu'il est très satisfait de la conférence.
4. À la sortie d'un meeting politique, une jeune femme dit à ses amis qu'elle n'a pas vraiment aimé la réunion parce qu'il y a eu trop de discours. Elle trouve qu'on parle trop dans les meetings politiques.
5. À l'aéroport Charles de Gaulle, un vieux monsieur qui habitait peut-être dans cette région autrefois, dit sa surprise de constater tant de changements. Avant, il n'y avait que des champs dans cette région. Maintenant se dresse un magnifique aéroport très moderne... Il parle à ses enfants peut-être. À l'occasion d'une promenade du dimanche à Roissy en France.
6. Sur un grand chantier de construction, un ingénieur vient vérifier les travaux. Il parle à son contremaître ou à l'équipe d'ouvriers. Il est satisfait de constater qu'il y a eu beaucoup de changements depuis sa dernière visite sur le chantier.
7. Dans un stade. À l'occasion d'un match de football, un jeune garçon constate que les gens ont beaucoup d'enthousiasme pour le sport, alors qu'ils sont plutôt indifférents à la politique...
8. À l'occasion d'un mariage. On offre une coupe de champagne à une jeune femme. Elle goûte le champagne et dit aux gens qui l'entourent qu'elle l'apprécie beaucoup. Pour elle, le champagne est meilleur que le vin de Bourgogne.

2 1. *meilleur que* – 2. *un des meilleurs vins* – 3. j'ai *beaucoup apprécié* – 4. *trop de* – 5. *tant de* changements en *si peu de* temps – 6. *autant de* changements – 7. tout le monde *préfère* le sport à la politique – 8. J'aime *mieux* le champagne *que* le bourgogne.

3 Exemple d'éloge possible : C'était un pianiste dont l'agilité et le doigté ravissaient tous les mélomanes. Du plus loin que je me souvienne, j'ai toujours aimé les interprétations qu'Arthur Rubinstein donnait des concertos pour piano de Beethoven.
Ce qui m'a tout de suite impressionné(e), c'était la délicatesse de son jeu. Comment dire l'impression de joie que j'ai ressentie quand j'ai vu pour la première fois Arthur Rubinstein jouer à la Salle Pleyel. La musique qu'il interprétait me faisait rêver. La puissance de son jeu faisait vivre et vibrer toute la salle. Oui, vraiment c'était un interprète de très haute qualité.

4 Production libre.

5 Les réponses proposées sont uniquement valables pour la France : 1. Le jour de son anniversaire ou à l'occasion d'une réussite scolaire ou sportive, l'enfant reçoit tous les honneurs de la famille : il est le centre d'intérêt de tous. – 2. De temps à autre, le patron félicite publiquement certains de ses ouvriers. Au cours de la cérémonie, les ouvriers sont à côté du patron qui parfois les décore et les embrasse en leur donnant un cadeau gratifiant. – 3. Parfois, le professeur peut demander à un élève de jouer le rôle du professeur. Chaque année, à la fin des cours, il y a la distribution des prix et les élèves sont appelés à venir chercher leur prix sur une estrade où se trouvent seulement les professeurs habituellement. – 4. Parfois, un mari demande à sa femme de rester dans le salon pendant que lui fait la cuisine ou le ménage. – 5. Dans la vie professionnelle, les hommes ont souvent une meilleure position que leurs collègues femmes mais dès qu'ils sortent ensemble du travail, c'est la femme qui reçoit une grande attention et des marques de grand respect de la part de ses collègues masculins (mais est-ce bien une compensation ?). – 6. Pour un téléspectateur, le rêve c'est de se montrer à la télévision. C'est pourquoi il y a de plus en plus souvent des émissions qui mettent en scène de simples spectateurs. – 7. Les lecteurs sont très flattés si un auteur leur dédicace un ouvrage. Ils se sentent également importants de pouvoir donner leurs commentaires sur les auteurs dans des rubriques journalistiques comme le Courrier des lecteurs. Quelquefois, ce sont les lecteurs qui choisissent très officiellement leur meilleur auteur. – 8. Le héros national est habituellement inatteignable ! Mais lors de certaines cérémonies, il descend dans la foule et serre la main de ses concitoyens. Un citoyen qui a serré la main du général de Gaulle en parlera toute sa vie ! Une invitation au palais de l'Elysée est également un grand honneur pour le citoyen anonyme.

6 Les réponses iront approximativement dans le sens du corrigé précédent.

Entraînement

1 1. Les grands sportifs sont plus intéressants que les hommes politiques. – 2. Les jeunes français sont moins orientés vers la politique que les jeunes de la génération précédente. – 3. Les gens qui s'occupent des grandes causes sociales sont plus/ moins/aussi importants que les hommes politiques. – 4. Carmen et Achille semblent aussi politisés l'un que l'autre. En tout cas, ils sont plus politisés qu'Éric. – 5. Éric est moins politisé que ses amis.

2 1. plus d'… moins de ; ou : plus d'… que de – 2. moins de … plus de (plus de … moins de) ; ou moins de … que de – 3. moins de … plus d' (plus de … moins d') ; ou : plus de … que d' – 4. plus de … moins de ; ou : plus de … que de – 5. plus de … moins de ; ou : plus de … que de – 6. moins de … plus de (plus de … moins de) ; ou : moins de … que de.

3 Production libre.

4 1. moins de/aussi/que – 2. moins/moins/plus/autant de – 3. mieux/qu'/plus que/plus que – 4. moins qu'/plus/qu'/autant qu' – 5. aussi/que/plus/que – 6. autant qu'/autant de/que de/plus/plus.

5 1. Je suis très impressionné(e) par X/X m'impressionne beaucoup. – 2. Je suis fasciné(e) par Y/Y me fascine. – 3. J'ai été très déçu(e) par Z/Z m'a beaucoup déçu.. – 4. Je suis très touché(e) par A/A me touche beaucoup.

6 1. C'est une des plus célèbres sculptures du monde ! – 2. C'est le plus grand philosophe dans l'histoire de l'Occident. – 3. C'est un des plus beaux tableaux de Picasso. – 4. C'est le plus grand savant du XXᵉ siècle. – 5. C'est la plus merveilleuse peinture du musée du Louvre. – 6. C'est le plus tragique des peintres modernes. – 7. «C'est le plus grand poète français, hélas !» disait Gide.

7 1. Ils marquent tous un sentiment ou une émotion.
2. de + infinitif ; que + subjonctif
3. C'est gentil de dire ça. – C'est impressionnant de voir un grand homme. – C'est étonnant de vouloir faire un monument pour cet homme. – C'est drôle de répéter cent fois la même chose.
4. Je trouve ça gentil que *tu* comprennes mes problèmes. – On trouve impressionnant qu'*il* soit devenu si célèbre. – C'est étonnant que *vous* n'ayez pas fait un plus grand monument. – Moi, je trouve ça bizarre que *vous* vouliez construire un monument ici. – C'est drôle que *personne* ne connaisse les œuvres de ce poète. – C'est drôle que *tu* aies encore répété la même chose.
5. Quand ces expressions adjectivales ont un sens très général, on utilise : de + infinitif.
Quand ces expressions adjectivales ont un sens très particulier, on utilise : que + subjonctif.

8 1. C'est tout ce qu'il y a ? – 2. C'est tout ce qui compte pour toi ? – 3. C'est tout ce dont il s'occupe ? – 4. C'est tout ce qui t'intéresse ? – 5. C'est tout ce dont tu as besoin ? – 6. C'est tout ce dont tu parleras ?

9 1. C'est une actrice dont la beauté me fascinait. Oui, la beauté de cette actrice me fascinait. – 2. C'est un grand homme dont j'admirais l'intelligence. Oui, j'admirais l'intelligence de ce grand homme. – 3. C'est un comédien dont l'humour m'étonnait. Oui, j'étais étonné(e) par l'humour de cet acteur comique. – 4. C'est un grand sportif dont la rapidité m'impressionne. Oui, je suis vraiment impressionné(e) par la rapidité de ce grand sportif. – 5. C'est un homme dont la générosité impressionne tous les Français. Oui la générosité de cet homme touche tous les Français.

10 passé simple : battit, s'empara, se fit, devint, fut.
infinitif du verbe : battre, s'emparer, se faire, devenir, être.
passé composé du verbe : a battu, s'est emparé, s'est fait, est devenu, a été.

11 a. Domaine de l'histoire : à l'époque des grandes invasions, occuper, battre, s'emparer, délivrer, royaume, le roi, nation, monarchie, guerre, grandes batailles, patriotisme, diviser, le pays.
Domaine mixte : une partie du territoire, occuper, la région, le pays, frontière, province, diviser.
Domaine de la géographie : massif montagneux, rivière, une partie du territoire, couler, la région, frontière, border, plateau, collines, province, diviser, le pays.
b. roi : royaume et monarchie – guerre : grandes batailles et invasion (battre) – patrie : patriotisme et nation (le pays) – occuper : s'emparer – occuper ≠ délivrer.

12 1. était divisée – 2. a été occupée (fut occupée) par – 3. a été délivrée (fut délivrée) par – 4. a été célébrée par – 5. a été sculpté par – 6. est bordée par.

13 1. Plus cet arbre vieillit, plus il devient stérile !/À mesure que cet arbre vieillit, il devient stérile. – 2. Plus le temps passe, plus ce malade s'affaiblit./À mesure que le temps passe, ce malade s'affaiblit. – 3. Plus la végétation croît, plus le jardin embellit./À mesure que la végétation croît, le jardin embellit. – 4. Plus cet homme avance en âge, plus il gagne en sagesse./À mesure que cet homme avance en âge, il gagne en sagesse. – 5. Plus cet enfant grandit, plus il devient travailleur./À mesure que cet enfant grandit, il devient travailleur. – 6. Plus je discute avec cet ami, plus je le trouve intéressant. – 7. Plus j'écoute cette symphonie, plus elle me plaît.

14 1. Les hommes semblent d'*autant plus petits* qu'ils sont au pied du géant himalayen. – 2. L'escalade est d'*autant plus difficile* qu'à 7300 mètres, l'oxygène se fait rare. – 3. La fatigue est d'*autant plus grande* que l'altitude est élevée. – 4. Les himalayistes ont d'*autant plus de courage* qu'ils s'exposent à de grands dangers. – 5. … les membres de l'équipe sont heureux d'avoir réussi, d'*autant plus qu'ils* sont les premiers hommes à avoir accompli cet exploit.

15 1. Bien que beaucoup de femmes soient médecins, il n'y a pas de mot féminin pour les nommer. – 2. Bien que la femme travaille autant que l'homme, elle gagne souvent moins que son collègue masculin. – 3. Quoique les hommes français soient très galants avec les femmes, certains leur interdisent de… – 4. Bien que la femme française soit l'objet d'une attention…, les hommes ont la première place… – 5. Quoique «madame la directrice» soit un terme qui existe, il a moins de poids que …

16 s'emparer : d'un pays/de sa proie/d'une clé
subir : une défaite
fixer : la ligne d'horizon/la flamme
s'éteindre : la flamme s'éteint/l'énergie s'éteint
s'accomplir : le destin s'accomplit/le rêve s'accomplit
accomplir : un espoir/un rêve
guetter : la proie/la souris
mobiliser : l'énergie/les soldats
maîtriser : la souffrance
réaliser : son destin/son rêve
Exemples de phrases : Après la défaite subie par les armées de Napoléon, celui-ci fut envoyé à Sainte-Hélène. – La flamme s'était éteinte et on n'a pas pu mobiliser l'énergie des soldats. Il n'a pas accompli un exploit, mais il a accompli son rêve. – Après s'être emparé du pays, son destin s'est accompli, il a été couronné empereur. Il faut savoir maîtriser la souffrance si on veut accomplir un exploit.

17 • Après la conquête de la Champagne par Clovis, cette région devient le berceau de la monarchie franque. – La Champagne, après avoir été conquise par Clovis, devient le berceau de la monarchie franque.
• À la suite de la conversion de Clovis au catholicisme, la France fut appelée la Fille aînée de l'Église. – Le nom de Fille aînée de l'Église fut donné à la France grâce au baptême de Clovis qui s'était converti au catholicisme.
• L'Océan, les déserts, la banquise sont moins durs, moins inaccessibles, moins dangereux que l'Himalaya et ses sommets de 8000 mètres. – Traverser l'Océan, les déserts, la banquise, c'est moins dur et moins dangereux que d'escalader l'Himalaya et ses sommets de 8000 mètres.
• Plus l'altitude est élevée, plus la souffrance que nous éprouvons est forte. – La souffrance augmente avec l'altitude. – Au fur et à mesure que nous montons, la souffrance devient de plus en plus forte.

18 1. l'abeille : dorée/rousse
la ruche : bourdonnante
l'été : doré/brûlant/clair
2. Les mots bourdonnent sans fin comme les abeilles d'une ruche. – La belle rousse dort sur la mousse. – Une abeille a piqué sa peau de miel. – La lumière de l'été danse dans l'azur.

19 1. gloire : vouloir – nation : passion – ambition : obsession – souffrance : dépendance – effort : mort – bataille : travail
2. croire : savoir – mot : chameau – lumière : cimetière – ruche : bûche – azur : pur/dur – différence : absence
Voir *Le Cimetière Marin* issu de *Charmes*, Valéry
(© Gallimard).

UNITÉ 7

Pour communiquer

1 1. groupe A : Mais concrètement qu'est-ce qu'on peut faire ? – Quelle serait la meilleure solution ? – Je ne vois vraiment pas ce qu'on peut faire. – J'ai beau chercher, je ne trouve aucune solution.
groupe B : Il est indispensable de contrôler nos comportements. – Sans changements dans les mentalités, on n'y arrivera pas !
2. Deux jeunes gens au bord de la mer. Ils sont effrayés par la pollution. La jeune fille demande quelle solution il faudrait adopter pour éviter cette pollution.
Deux jeunes gens sur le bord de l'auto-route. Ils essaient de faire du stop ensemble. L'un des deux se demande quelle serait la meilleure solution pour qu'une voiture les prenne.
Au cours d'une fusillade dans un conflit armé. Une jeune fille est découragée parce qu'elle ne voit aucune solution au conflit.
Un père est seul à la maison avec son bébé. Le bébé pleure. Le père ne sait pas quoi faire.
3. une femme : 40 ans sociologue, elle est sûre d'elle-même, énergique. – une femme : 30 ans, mère de famille, elle est sage et calme.
4. Proposition de jeu de rôle : A et B discutent d'un problème de pollution dans la ville.
A : Mais concrètement qu'est-ce qu'on peut faire pour empêcher les gens de jeter leurs papiers dans la rue ?
B : Sans changement dans les mentalités, on n'y arrivera pas !

2 a. 1. la justification (e) – 2. la surprise/l'étonnement (h) – 3. la demande d'information (f) – 4. la mise en garde (g) – 5. la plainte/le mécontentement (b) – 6. le reproche (d) – 7. la demande d'explication (c) – 8. le reproche (d) – 9. la plainte/le reproche (b,d) – 10. le reproche (d) – 11. la proposition (a).
b. Possibilité de conversation :
— Excuse-moi, j'ai été retenu(e) par mon patron.
— Tu arrives toujours en retard !
— Qu'est-ce qu'il y a à dîner ?
— Du poulet.
— Je croyais que tu n'aimais pas le poulet !
— Et si on commençait par un apéritif ?
— J'ai horreur des apéritifs !
— Décidément, tu es toujours aussi difficile !

3 1. ☐ 2. ☐ 3. ☐ 4. ☐ 5. ☐ 6. ☐ 7. ☐ 8. ☑ 9. ☐ 10. ☐
☐ ☑ ☐ ☐ ☑ ☑ ☑ ☐ ☑ ☑
☑ ☐ ☑ ☑ ☐ ☐ ☐ ☐ ☐ ☐

4 1. Il rit comme une baleine. – 2. Il est rusé comme un renard. – 3. Il est vaniteux comme un paon. – 4. Il est malin comme un singe. – 5. Il est lent comme une tortue. – 6. Il mange comme un cochon.

5 1. Elle parle beaucoup trop. – 2. Elle dit des choses désagréables au sujet des autres. – 3. Il n'oublie rien. – 4. Il voit très très bien/Il a d'excellents yeux. – 5. Ils sont durs les uns envers les autres. – 6. Ne fais pas celui qui ne veut pas voir ou savoir. – 7. La puissance/la force/l'énergie. – 8. Il travaille beaucoup. – 9. Il n'est pas très sociable/Il est très solitaire. – 10. Elle ne mange presque rien.

6 1. Réponses en fonction de la culture des apprenants.
2. On dit «il a un cœur de pierre» mais parfois, il y a des humains dont le cœur est plus dur que la pierre. – L'éclair va à la vitesse de la lumière ! L'homme est très lent en comparaison. – Quand il pleut toujours, ça peut être ennuyeux mais sans pluie il n'y aurait pas de végétation. – Selon les éthnologues, l'oie est très intelligente.

Entraînement

1 1. amélioration – progression – augmentation – continuation – diminution.
2. Propositions de titres de journaux : Amélioration du niveau de vie en 1993. – Progression des travaux du centre ville. – Augmentation du prix de l'essence. – Diminution de la mortalité. – Continuation des pourparlers européens.

2 1. démontrer – 2. affirmer – 3. observer – 4. prévoir – 5. constater.

3 1. large – léger(légère) – annuel(le) – suffisant(e) – vif(vive).
Les adverbes en *–ment* se forment à partir du féminin de l'adjectif correspondant.
2. difficilement – excessivement – fortement – longuement – pleinement – naturellement – puissamment – dangereusement – bruyamment – vivement – énergiquement.
3. vivement – dangereusement – énergiquement – abusivement – largement – catégoriquement.

4 1. Ces adjectifs se placent devant le nom qu'ils qualifient.
2. Ces adjectifs peuvent se placer avant ou après le nom ; ces adjectifs ont un sens subjectif.
3. Ces adjectifs se placent après le nom, ces adjectifs ont un sens objectif. L'adjectif de couleur occupe la première place (Croix Rouge Internationale), l'adjectif de nationalité occupe la seconde place (sport alpin français), l'adjectif à forme de participe passé occupe la dernière place.
4. a. un petit pays montagneux – b. un haut sommet enneigé – c. de nombreux capitaux internationaux – d. de grosses banques suisses – e. la première puissance financière internationale. – f. un grand organisme humanitaire suisse.

5 Géographie : superficie, frontière, pays, prospérité, territoire, sites, environnement, sommets, planète, population.
Histoire : neutralité, population, société, diplomatie, frontière, pays, territoire, prospérité.
Appartiennent aux deux domaines : superficie, frontière, pays, prospérité, territoire, population, planète.

6 Réponses en fonction du pays d'origine de l'apprenant.

7 1. neutralité/rester dans la neutralité – 2. frontière/une frontière naturelle de la France – 3. prospérité/la prospérité économique de la Suisse – 4. environnement/préserver l'environnement naturel – 5. sommet/le sommet des Alpes.

8

1. site : paysage. Dans les Alpes, les touristes peuvent visiter des sites d'une grande beauté.
2. communauté : groupe d'individus vivant ensemble et partageant la même culture. La communauté francophone suisse est moins importante que le communauté germanophone.
3. planète : astre qui tourne autour du soleil. Pour l'instant, sur les 9 planètes connues, seule la Terre est habitée.
4. pays : territoire d'une nation, lieu d'origine. «Mon pays, ce n'est pas un pays, c'est l'hiver», chantait Gilles Vignault.
5. diplomatie : science des rapports internationaux, habileté, politesse, délicatesse dans les relations avec les autres. Pour convaincre quelqu'un, la diplomatie est plus utile que la force.

9

Les apprenants composeront eux-mêmes des textes. Ils réemploieront les formes de mise en relief : *ce dont nous sommes sûrs c'est que…, ce dont je suis certain c'est que…, ce dont nous parlons c'est de…, ce dont nous avons envie, c'est de…, ce dont nous avons peur c'est que/de…, ce dont nous avons besoin c'est de…*

10

1. un couteau **à** pain – 2. une maison **de** deux étages – 3. un train **de** nuit – 4. des chaussures **à** talon – 5. des lunettes **de** soleil – 6. une maison **de** campagne – 7. une machine **à** laver – 8. un chèque **de** cent francs – 9. un bateau **à** voiles – 10. un maillot **de** bain – 11. une classe **de** français – 12. une crème **au** chocolat – 13. une serviette **de** table – 14. un poisson **d'**eau douce – 15. un bateau **de** guerre.

11

gérer : sa fortune/une entreprise/une carrière/une politique
renoncer à : sa fortune/sa carrière/au combat/sa liberté
considérer comme : un crime
risquer : sa fortune/sa vie/sa liberté
mener : une carrière/une vie/un combat/une politique
condamner : une politique/un crime
courir à : la catastrophe
Exemples de phrases : En menant ce combat, il a risqué sa carrière et même sa vie. – Pour savoir gérer une entreprise, il faut mener une politique réaliste. – En condamnant la politique du gouvernement, ils risquent leur liberté. – Ce pays court à la catastrophe.

12

• Il y a plus d'un siècle que les skieurs sont attirés par les champs de neige. – Les champs de neige attirent les skieurs depuis plus d'un siècle.
• Beaucoup d'alpinistes viennent escalader les sommets des Alpes suisses. – Les sommets des Alpes suisses sont escaladés par de très nombreux alpinistes.
• S'il n'y a plus de rayons ultra-violets et donc plus d'ozone dans cette région, c'est parce qu'elle est plongée dans l'obscurité durant une grande partie de l'année. – Cette région qui est plongée dans l'obscurité/étant plongée dans l'obscurité durant une grande partie de l'année, n'a plus de rayons ultra-violets, ni d'ozone. – Il n'y a plus de rayons ultra-violets et donc plus d'ozone dans cette région à cause de l'obscurité dans laquelle elle est plongée une grande partie de l'année.
• Ce qui est indispensable, c'est non seulement de réparer les dégâts causés à la nature, mais aussi d'enseigner à la connaître et à la respecter. – Réparer les dégâts causés à la nature n'est pas suffisant, il faut aussi enseigner à connaître et respecter la nature.
• Sans prise de conscience de la situation par la population, il n'y aura pas d'amélioration. – Si les populations ne prennent pas conscience de la situation, il n'y aura pas d'amélioration possible.
• Si la campagne anti-pollution a échoué, cela est dû au manque de moyens financiers importants. – C'est parce que nous manquons de moyens financiers importants que la campagne anti-pollution a échoué.

• Ce sont les nombreuses manifestations d'écologistes qui ont retardé l'implantation du TGV Provence. – Sans les nombreuses manifestations d'écologistes, l'implantation du TGV Provence n'aurait pas été retardée.
• Si j'appelle à l'étranger, ma mère l'apprend toujours. – Il est impossible que j'appelle à l'étranger sans que ma mère le sache. – Chaque fois que j'appelle à l'étranger, ma mère l'apprend/le sait.

13

1. la nuit : bretonne/grise/triste/douce/noire
la pluie : bretonne/grise/triste/douce
l'île : bretonne/grise/triste/douce/noire/bercée (par le vent)
2. La pluie chante sur les toits.
La mouette s'envole. Le marin navigue.
Il a été emporté par une vague.
La vague apporte des algues.
La mouette grise dort sur la vague triste. – Le marin navigue dans la nuit noire. – La pluie berce l'île endormie. – Le vent se lève, la mer frissonne.

14

1. bruit : pluie – veille : sommeil – abbaye : pays – mouette : chouette – prière : bruyère
2. dauphin : malin – mort : port/sort – minuit : ennui – jaloux : hibou/joujou – mer : misère/amère – breton : patron/glaçon.

UNITÉ 8

Pour communiquer

1

1. La météorologie, le temps qu'il fait .
2. «*Il se pourrait bien que* le vent se lève. » – «*Ça ne m'étonnerait pas qu'*on ait une tempête.» – «*Ce n'est pas impossible qu'*il y ait de la neige. » – «*Il semble bien que* le vent tourne. » – «*On dirait qu'*il va pleuvoir. » – «*Vous ne croyez pas que* le temps se gâte ?» – «*Tu n'as pas l'impression qu'*il fait plus froid qu'hier ?»
3. Possibilité de production :
— *Tu n'as pas l'impression que* l'équipe de foot de Saint-Étienne joue mieux ?
— *Je ne crois pas qu'*ils soient plus forts que les footballeurs du Paris Saint-Germain.
— *Ce n'est pas impossible qu'*ils gagnent.
— *Il se pourrait aussi que* ce soit Saint-Étienne qui gagne.
— *On dirait que* l'arbitre est pour le club Paris Saint-Germain.
— *Ça m'étonnerait qu'*il puisse avoir une préférence.
— Mais *ce n'est pas impossible*.

Entraînement

1

1. La course, tu ne *la* ferais pas, toi ? – 2. Florence Arthaud, *elle* passe la bouée jaune. – 3. Regardez la bouée jaune, Florence Arthaud *la* passe ! – 4. Tu vois, les concurrents, les plaisanciers *les* accompagnent. – 5. La course, il *la* commente à la radio. – 6. La course, moi, j'aimerais bien *la* faire ! – 7. Tu as vu les plaisanciers, *ils* accompagnent les concurrents./Tu as vu les plaisanciers, les concurrents, ils *les* accompagnent ! – 8. Des concurrents, je n'*en* vois pas 31, moi. – 9. Des bateaux, il y *en* a plus de 31, je crois. – 10. Moi, du bateau, j'*en* fais tous les dimanches.

2

1. *Il y a* Florence Arthaud *qui* passe la bouée jaune. – 2. *Il y a* les plaisanciers *qui* accompagnent les concurrents. – 3. Oh ! *il y a* un bateau *qui* a démâté ! – 4. *Il y a* un des numéros *que* je n'arrive pas à lire. – 5. *Il y a* un des concurrents *que* je ne connais pas. – 6. *Il y a* Olivier de Kersauson *qui* commente la course à la radio. – 7. *Il y a* le signal de départ *qui* vient d'être donné. – 8. *Il y a* un des bateaux *qu'*on ne voit plus.

3 1. Il aura oublié quelque chose./Il aura déjà eu un problème de voile. – 2. Sa radio aura été endommagée./Il aura cassé son appareil radio./Il aura coulé. – 3. Le mât se sera cassé./Il aura eu une tempête./Le skipper se sera endormi. – 4. Il aura peut-être débranché sa radio. – 5. Il aura eu un problème avec ses voiles./Ses voiles se seront peut-être déchirées.

4 1. dans – 2. en/dans – 3. en/dans – 4. dans/en/en – 5. dans/en.

5 1. a. A – b. B – c. C – d. D
2. Production libre ; possibilité : *Par rapport à* Noah, Lendel est beaucoup plus efficace au tennis. *Vis-à-vis* d'autres joueurs, Noah est beaucoup moins tenace. *En comparaison de* Lendel, Noah est beaucoup moins sérieux. *Au plan de* la performance, Lendel est supérieur à Noah. Mais *au niveau de la compétence*, Noah est aussi remarquable que Lendel. Noah réussira *en fonction de* ses efforts. *Eu égard à* son expérience, il n'est pas étonnant que Noah soit devenu entraîneur. *Compte tenu* de ses victoires, Noah peut être fier. Mais *proportionnellement à* ses possibilités, il n'a pas toujours donné le meilleur de lui-même. *Par opposition à* Lendel, Noah est un sportif plutôt sympathique et chaleureux.

6 Proposition de production : 1. Édith Cresson est la première femme qui *a été nommée* Premier ministre en France. 2. Marguerite Yourcenar est la première femme qui *ait été élue* à l'Académie française. 3. Jacques Marris *a été reçu* par le Premier ministre. 4. Noah *a été ovationné* à Roland-Garros. 5. Le général Jean *a été promu* ministre des armées. 6. Ce vieux château *a été classé* monument historique.

7 1 a – 2 c – 3 b

8 1. La mer *a beau être* dangereuse, elle attire de nombreux marins. – 2. Olivier de Kersauson *a beau aimer* l'aventure, il est conscient… – 3. Olivier de Kersauson *a beau savoir* qu'il n'est pas le premier … , il a l'impression d'être le premier homme… – 4. Ce monde *a beau être* sauvage et hostile, il est paré d'une magie… – 5. Vous *avez beau être* un marin professionnel, vous devez rester prudent.

9 1. Il y a *tellement peu de* soleil que la mer est grise./… *si peu de* soleil que la mer est grise. – 2. Olivier de Kersauson aime *tellement ce métier* qu'il est attiré par les quarantièmes rugissants. – 3. Le plaisir de naviguer est *si grand* qu'il aide à surmonter la solitude./… *tellement grand* qu'il… – 4. La mer est *si sauvage* qu'il la compare à un désert./… *tellement sauvage* qu'il la… – 5. Ces courses en solitaire comportent tant de/tellement de risques que seuls les marins professionnels peuvent les entreprendre.

10 1. En ville, il y a *tellement de* voitures *que* la circulation est impossible. – 2. Il y a *tellement de* chômeurs *que* les jeunes se révoltent./… *tant de* chômage *que* les jeunes se révoltent. – 3. Il y a *tellement de* peintres-graffiti *que* cela devient de plus en plus difficile de comprendre la signification de l'art ! – 4. Il y a *tellement de* discussions contradictoires au sein du gouvernement *qu'*il ne peut pas agir efficacement. – 5. Il y a *tellement d'*injustices dans le monde *qu'*on se révolte. – 6. Il y a *tant de* jeunes acteurs *qu'*il faudrait créer de nouvelles salles de théâtre pour qu'ils puissent jouer et se faire connaître.

11 prendre conscience : de ses limites/de ses possibilités/du problème/de l'urgence
utiliser : ses possibilités/les sentiments
posséder : un intérêt à + infinitif
réviser : son jugement

contempler : l'abîme
entretenir : un sentiment
dépasser : ses limites
sonder : les cœurs
Exemples de phrases : Ils ont enfin pris conscience de l'urgence du problème. – Il possède un intérêt évident à prolonger la situation. – Ils se sont arrêtés pour contempler l'abîme. – Il est difficile de réviser son jugement sur une personne avec laquelle on entretient des sentiments tendres.

12
● La découverte du Canada a été faite par Jacques Cartier qui était parti de Saint-Malo en 1534. – Le Canada a été découvert par Jacques Cartier, parti de Saint-Malo en 1534. – C'est Jacques Cartier qui a découvert le Canada après avoir quitté Saint-Malo en 1534.
● La ténacité, l'obstination et le courage sont les qualités que les Français reconnaissent aux Bretons et qui leur ont permis de réaliser ces performances. – La réalisation de ces performances a été possible grâce aux qualités de ténacité, d'obstination et de courage - qualités que les Français reconnaissent aux Bretons.
● Les Bretons sont considérés par les Français comme tenaces, obstinés et courageux, qualités grâce auxquelles ils ont pu réaliser ces performances/c'est grâce à ces qualités qu'ils ont pu réaliser ces performances.
● La langue bretonne a été éliminée par la centralisation de l'État français et la décision de rendre l'enseignement en français obligatoire à l'école publique. – C'est la centralisation et l'enseignement public obligatoire en français qui ont éliminé la langue bretonne.
● La Bretagne est connue surtout grâce au tourisme qui attire de nombreux visiteurs, malgré les pluies fréquentes. – Les pluies fréquentes n'empêchent pas les visiteurs d'être attirés par la Bretagne, faisant ainsi de ce pays un pays touristique bien connu. – Grâce aux touristes qui y viennent nombreux, malgré les pluies fréquentes, la Bretagne est devenue un pays connu.
● On ne peut survivre dans ce monde si hostile sans un peu de chance. – Il faut de la chance pour pouvoir survivre dans ce monde tellement hostile. – Si on n'a pas un peu de chance, il est impossible de survivre dans ce monde si hostile.

13 1. peut-être : affronterai-je la baleine de l'île des Princes
quand même : nous naviguerons dans les quarantièmes rugissants
un jour : nous nous rencontrerons/nous nous embarquerons/nous affronterons les tempêtes/nous ferons le tour du monde/il n'y aura plus de misère
2. La baleine solitaire a débarqué sur le rivage. – Il a osé affronter les 40e rugissants. – Le navire a sombré dans une mer démontée. – Les flots déchaînés ont fait chavirer la barque.

14 1. archipel : parallèles – océan : effrayant – baleine : reine – tempête : parfaite – voile : étoile – livide : perfide
2. quand même : je t'aime – justement : chastement – un jour : toujours – heureusement : tendrement – peut-être : traître – tout-à-fait : parfait

Voir chanson de Mouloudji : *Un jour tu verras.*

> *Un jour tu verras*
> *On se rencontrera*
> *N'importe où dans la rue*
> *Guidés pas le hasard*
> *Nous nous regarderons*
> *Et nous nous sourirons*
> *Et la main dans la main*
> *Par les rues nous irons […]*

UNITÉ 9

Pour communiquer

1

	Exemples de territoires	Marqueurs de territoires
Fixe	maison/jardin/appartement	porte/digicode
réservé	bureau	plaque avec son nom/photos de famille/fleurs/objets personnels
mobile	automobile / vélo / moto / planche à roulette	plaque d'immatriculation / couleurs/décoration originale
momentané	place de cinéma/place de théâtre/place dans un train, un avion	achat d'un billet/réservation d'une place/un sac à main ou un objet personnel posés sur une chaise
intime	chambre/la place que l'on occupe normalement : l'espace nécessaire à une personne	la personne elle-même avec sa corpulence, ses vêtements, son parfum, son sac et ses objets personnels

2 1. sur la grille ou le portail d'une maison avec jardin – 2. sur le mur ou la grille d'une propriété assez grande – 3. dans un train ou dans un avion – 4. au dossier de certaines places de train – 5. sur la porte d'un hôtel – 6. à la porte d'une chambre d'hôtel – 7. à la porte d'une entreprise – 8. une pancarte dans un bois/une forêt – 9. dans un quartier résidentiel –10. dans tous les jardins publics de France – 11. dans les gares/les restaurants (parfois)/ dans le métro – 12. à l'entrée de tous les magasins – 13. dans certains lieux publics (le métro, par exemple) – 14. dans les restaurants/les hôtels – 15. dans un restaurant – 16. à la porte d'un club – 17. presque partout dans les rues de Paris ! – 18. à l'entrée de certaines villes de province – 19. rarement mais exceptionnellement à l'entrée de certaines expositions d'art – 20. à l'entrée de certains clubs ou restaurants très formels.

3

Réserves	Exemples de réserves	Marqueurs de réserves
personnelles	livres/vêtements/bijoux	nom inscrit dans le livre/ numéro ou nom inscrit sur un vêtement/signe ou symbole marquant les bijoux (blason)
intellectuelles	diplômes/inventions/créations	nom inscrit sur le diplôme ou sur l'ouvrage/titre d'auteur ou d'inventeur
affectives	lien de parenté/lien amoureux/lien d'amitié	le même nom porté par deux personnes/la bague de fiançailles/l'alliance/la possibilité de dire "mon" ou "ma" ou "mes" en parlant de quelqu'un

4 Réponses en fonction du pays d'origine de l'apprenant.

Entraînement

1
semer : la panique/la mort/le blé
intéger : un apport/une population
constituer : un apport/une ressource
déceler : une trace
impliquer : des droits/des devoirs
garantir : les droits
développer : un point de vue/les valeurs
Exemples de phrases : Les armées de ce conquérant ont semé partout la mort. – Il s'agit d'intégrer les apports des populations nouvelles. – Les populations d'immigrés constituent une ressource économique importante. – L'accès à la nationalité implique des droits mais aussi des devoirs. – C'est un point de vue que de nombreux hommes politiques ont développé. – On ne peut déceler une trace de malhonnêteté dans ses actions.

2
• Étant donné qu'on n'a pas pris de mesures pour freiner la délinquance, on constate à l'heure actuelle des tensions sociales.
Il est inévitable que l'on ait à l'heure actuelle des tensions sociales, puisqu'on n'a pas pris de mesures pour freiner la délinquance.
• Plus le niveau d'éducation est élevé dans un pays, plus ce pays est démocratique. C'est mon point de vue.
Le niveau démocratique d'un pays varie en fonction du niveau d'éducation de ses habitants.
• Pour réaliser l'intégration, certains estiment qu'il est nécessaire de faire connaître aux Français la culture des étrangers.
Si on veut que l'intégration se fasse, il faut, estiment certains, que l'on fasse connaître aux Français la culture des étrangers.
D'après Fernand Braudel, il faut beaucoup de temps pour créer une nation. Les historiens qui méconnaissent cette réalité se trompent.
• Je ne suis pas du tout d'accord pour faire de l'espagnol une langue officielle, mais on peut en développer l'enseignement comme langue seconde.
J'accepte qu'on développe l'enseignement de l'espagnol comme langue seconde, mais je m'oppose absolument à ce qu'on en fasse une langue officielle.

3 1. le rapeur : noir/rebelle
la douleur : inutile
la valeur : des mots
La couleur de la peau. – Les mots d'espoir. – Les mots habiles/inutiles. – Il vit d'espoir. – Il voudrait vivre d'amour.
2. Le rapeur aime la France – Il ose dire les mots qui rappellent les droits de l'homme. Il souffre de la couleur de sa peau.
Le rapeur rebelle rêve.

4 1. étranger : immigré – parole : symbole – beur : rapeur – mosaïque : archaïque – pays : haï – inutile : malhabile
2. banlieue : radieux – Droits de l'homme : somme – intégré : immigré – couleur : malheur – France : enfance – éternel : charnel
3. Un rapeur :
Je te dis que toutes ces douleurs
Te viennent de ta couleur
Montre-leur que tu as de la valeur
On nous parle des Droits de l'Homme
Mais il y a beaucoup d'hommes qui sont en fin de droits.

Aubin Imprimeur
LIGUGÉ, POITIERS

Achevé d'imprimer en avril 1995
N° d'impression L 48912
Dépôt légal avril 1995
Imprimé en France